Susanne Wingels

Umsonst & draußen

Freizeitspaß am Niederrhein für alle

Bildnachweis

S. 3 Jutta Walterfang, alle weiteren Aufnahmen stammen von der Autorin (S. 8/9 + 86/87 bearbeitet von Sonja Wingels).

Bibliografische Information der Deutschen Nationalbibliothek
Die Deutsche Nationalbibliothek verzeichnet diese Publikation in der Deutschen Nationalbibliografie; detaillierte bibliografische Daten sind im Internet über portal.dnb.de abrufbar.

Impressum

1. Auflage April 2024
Satz und Gestaltung: Birgit Lonsdorfer
Lektorat: Kirsten Düspohl
Druck und Bindung:
AALEXX Druck Produktion, Thönser Str. 5a, 30938 Burgwedel
Umschlaggestaltung: Guido Klütsch
Umschlagabbildung: Solegarten St. Jakob Kevelaer (Foto: Susanne Wingels)
Autorinnenfoto Umschlagklappe: Jana Kathrin @fotostudiopeschges
Übersichtskarte Seite 6/7: © Pagina Verlag

ISBN 978-3-8375-2572-4

Jakob Funke Medien Beteiligungs GmbH & Co. KG
Jakob-Funke-Platz 1, 45127 Essen
info.klartext@funkemedien.de
www.klartext-verlag.de

Alltagsmensch „Paul“ lebt dauerhaft auf dem Froschteich in Rees.

Legende

 Sehenswürdigkeit

 barrierefrei

 eingeschränkt barrierefrei

 Aussichtspunkt

 Fotospot

 Fahrradstrecke

 Wanderstrecke

 Fähre

 Kunstobjekt

 Familienfreundlich

 Freizeitspaß

 Naturerlebnis

Inhalt

Typisch niederrheinische Landschaft am idyllischen Wasser

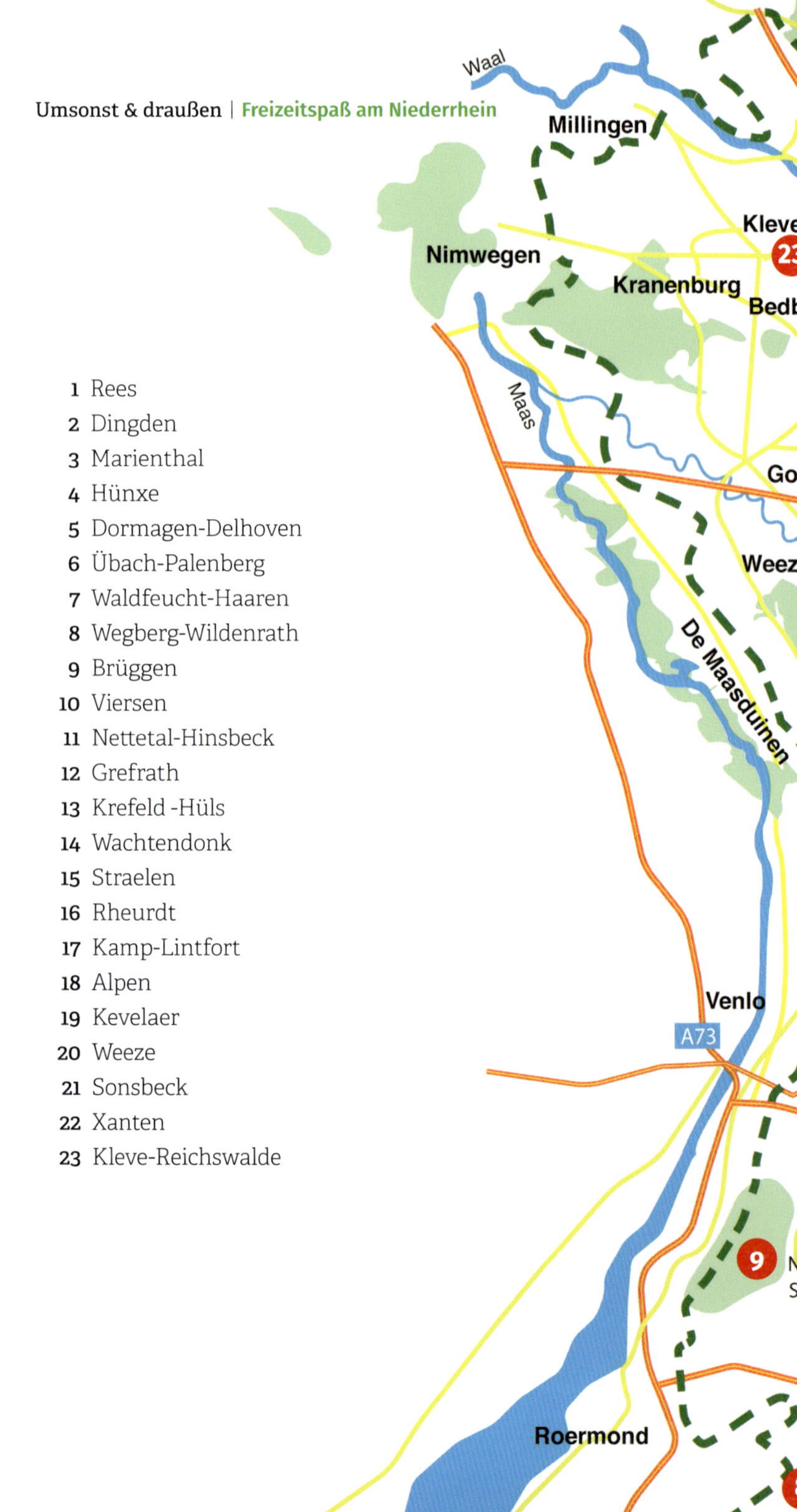
1 Rees
2 Dingden
3 Marienthal
4 Hünxe
5 Dormagen-Delhoven
6 Übach-Palenberg
7 Waldfeucht-Haaren
8 Wegberg-Wildenrath
9 Brüggen
10 Viersen
11 Nettetal-Hinsbeck
12 Grefrath
13 Krefeld -Hüls
14 Wachtendonk
15 Straelen
16 Rheurdt
17 Kamp-Lintfort
18 Alpen
19 Kevelaer
20 Weeze
21 Sonsbeck
22 Xanten
23 Kleve-Reichswalde
Waal
Millingen
Kleve
23
Nimwegen
Kranenburg
Maas
Weeze
De Maasduinen
Venlo
A73
9
Roermond
8

NIEDERLANDE
DEUTSCHLAND
Borken
Bocholt
A31
Reken
1
Rees
2
Naturpark
Hohe Mark
Hamminkeln
A3
3
22
Xanten
Wesel
Schermbeck
21
Lippe
Sonsbeck
Dorsten
Hünxe
4
A57
18
Alpen
Dinslaken
Rheinberg
Issum
A2
Geldern
Bottrop
Niers
16
Oberhausen
Kamp-Lintfort
A42
17
A40
Wachtendonk
Moers
A52
14
Eyller See
A40
A3
Mülheim an
der Ruhr
13
Duisburg
Kempen
A44
Wankumer
Heidesee
A59
11
12
Krefeld
A535
10
A44
A57
Ratingen
Meerbusch
A52
Kaarst
A46
Düsseldorf
Mönchengladbach
A61
A46
7
5

Vorwort

Der Niederrhein bietet Freizeitmöglichkeiten in Hülle und Fülle. Einen Ausflug zu machen, bedeutet dabei nicht zwingend, viel Geld auszugeben. Es gibt reichlich Ziele, die völlig kostenlos und frei zugänglich nur darauf warten, erkundet und erlebt zu werden.
Die Vielfalt ist groß: Naturerlebnisse finden sich an jeder Ecke, im Wald und auf der Heide oder auch an Rhein, Niers und anderen Gewässern. Aussichtstürme und Gierseilfähren regen dazu an, benutzt zu werden, ebenso wie Pumptracks, Skaterbahnen, Fitnessparcours und Mehrgenerationenspielplätze. Und mit Skulpturenparks und Planetenwegen bleiben auch Kunstgenuss und Bildung nicht auf

Der Hirsch hat seine Damen voll im Griff: Rotwildrudel am Oermter Berg

der Strecke. Ein Höhepunkt für Familien sind sicherlich frei zugängliche Tierparks und Wildgehege sowie gleich mehrere Kurparks und Landesgartenschauen.
Machen Sie Pläne und brechen Sie auf, um den Niederrhein zu erkunden! Und sollten Sie im August oder September unterwegs sein: Dieses Buch schmeckt nach Brombeeren – Sie finden sie quasi an jedem der vorgeschlagenen Orte.

Viel Freude auf Ihren Streifzügen wünscht Ihnen

Susanne Wingels

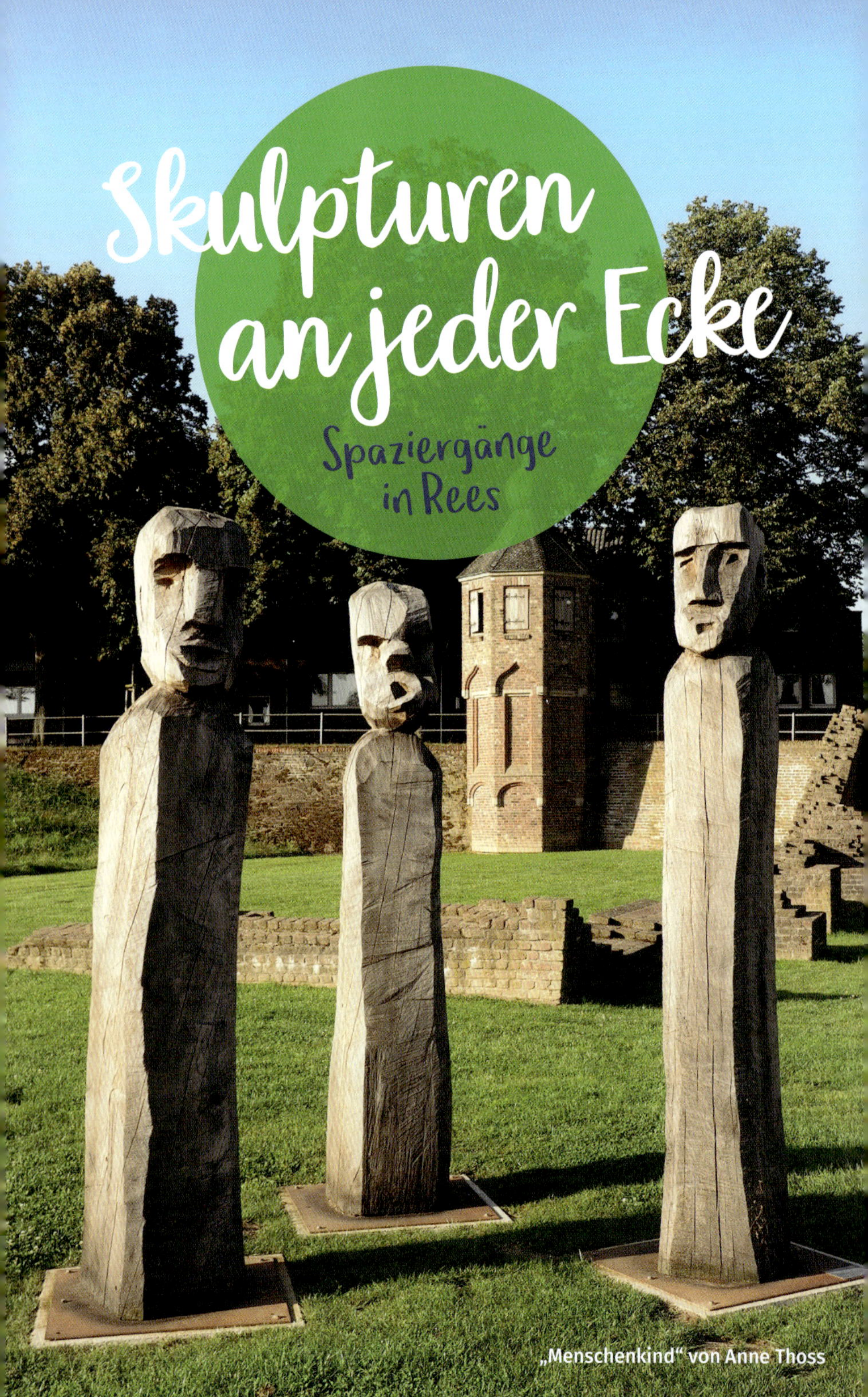

„Menschenkind" von Anne Thoss

Rees gilt als älteste Stadt am Unteren Niederrhein und blickt auf fast 800 Jahre Stadtgeschichte und eine deutlich weiter zurückgehende Besiedelung zurück. Heute präsentiert sich die kleine Stadt mit einer bunten Mischung aus belebter Rheinpromenade, mittelalterlicher Stadtbefestigung und Figuren und Skulpturen in allen Stilrichtungen, Formen und Farben buchstäblich an jeder Straßenecke.

Vor den Toren des mittelalterlichen Bollwerks und ganz nah am Rhein gelegen konzentrieren sich die künstlerischen Eindrücke in einem Skulpturenpark, überragt vom Wächtertürmchen und durchzogen vom Bodendenkmal „Bär", den Überresten eines Verbindungsdammes zwischen der Stadtmauer und dem vorgelagerten Hornwerk.

Anreise Pkw/Parkplatz:
Parkplatz am Skulpturenpark, Am Damm, 46459 Rees
(GPS 51° 45'35.64"N, 6° 24'4.63"E)

Anreise ÖPNV:
Buslinien X32, 47, 61, 88, 95, Haltestelle „Rees Busbahnhof"

www.stadt-rees.de

Bereits seit 2003 finden hier im Freien auf einer Fläche von 5.500 m² insgesamt 25 Skulpturen verschiedener Künstlerinnen und Künstler ihren Platz, im dreijährigen Wechsel. Hier stehen ein Brunnen, ein stilisierter Irrgarten im Format 2,50 x 2,50 m und eine begehbare Sonnenuhr Seite an Seite mit einem konstruktivistischen „Spiel mit Dreiecken“ aus Stahlplatten und einer hockenden Figur, die einen denkenden Menschen darstellt – Abstraktes und Gegenständliches im friedlichen Miteinander.

Alltägliche Begegnungen

Weitaus bekannter und untrennbar mit Rees verbunden sind die Figuren an der Rheinpromenade, allen voran das „Zwiegespräch“ auf dem Geländer direkt am Steiger, die „Ziege“, die an die weit verbrei-

Tipp

Planetenwanderweg

Etwa 6 km lang ist der Planetenweg und spiegelt unser Sonnensystem somit in einem Maßstab 1 : 1 Milliarde wider. Ähnlich verhält es sich mit der Sonne und ihren Planeten, die ebenfalls in der Größe am jeweiligen Infopunkt maßstabsgerecht dargestellt sind. Mit einem Durchmesser von 1,39 m überragt die Skulptur der Sonne am Startpunkt neben dem Wächtertürmchen „Am Bär“ den ihr zu Füßen liegenden Skulpturenpark, während der Merkur nur als winziges Kügelchen auf seiner Infotafel zu finden ist. Die inneren Planeten folgen in relativ kurzen Abständen zu Beginn des Weges, während es in Richtung Rees-Mehr zum Ende der Route längere Wegstrecken zwischen den Stationen zu bewältigen gibt. Der Reeser Planetenwanderweg existiert bereits seit 2004 und führt als beliebte Radwanderstrecke barrierefrei zunächst über den Deich und dann durch die Niederung.

Allseits bekannt: „Zwiegespräch“ von Jürgen Ebert an der Rheinpromenade

tete Nutztierhaltung vor Ort Anfang des 20. Jahrhunderts erinnert, oder „Freundschaft verbindet“ an der Mauer am Aufgang zur Wasserstraße, bei der ein Junge einen kletternden Freund hochzieht. 2016 und 2023 hielt auch die Wechselausstellung „Alltagsmenschen“ von Christel Lechner Einzug in Rees. Für einen Zeitraum von drei Monaten bevölkerten die beliebten gegenständlichen und ganz alltäglichen menschlichen Figuren die Straßen und Plätze der Stadt. Einige kamen, um zu bleiben. So sind die „Rääße Sackendräger“ an der Rheinpromenade und der überaus beliebte „Paul“ (Schwimmreifenmann) im Froschteich mittlerweile dank eines Crowdfundings dauerhaft im Stadtbild zu finden, wo sie jedermann ein Lächeln ins Gesicht zaubern.

Zeitreise in Grün und Rosa

Märchenhafte Erlebnisse in der Dingdener Heide

Heideblüte im August

Grün ist die Heide und märchenhaft der Wald! So könnte das Fazit nach einem Tag in der Dingdener Heide lauten. Hier wird ein ganz besonderer Rundweg angeboten, der sowohl Wanderer als auch Radfahrer mit auf eine Zeitreise nimmt.

Begleitet von den verschiedenartigsten Geräuschen und Eindrücken lässt uns die 5 km lange Route in die Geschichte dieser Kulturlandschaft eintauchen, die im Mittelalter beginnt. Am „Zeitfenster Hudewald" erklärt uns das auf der Infotafel abgebildete Schwein, dass sich in den Jahren zwischen 1320 und 1540 durch Beweidung mit Schweinen, Kühen und Ziegen vor Ort ein lichter Laubwald entwickelte. Junge Gehölze wurden durch die „Fressfeinde" kurzgehalten, alte Bäume blieben über lange Zeit bestehen, und dazwischen gab es reichlich Weideland.

Anreise Pkw/Parkplatz:
Parkplatz „Alte Schäferei", Klausenhofstraße/Zum Venn, 46499 Hamminkeln (nach Klausenhof 1,5 km der Straße folgen, GPS 51° 46'47.66"N, 6° 39'11.12"E)

Anreise ÖPNV:
Buslinie 64, Haltestelle „Hamminkeln Akademie Klausenhof" (1,5 km Fußweg)

www.dingdener-heide.com

Das in dieser Form renaturierte Gebiet wird momentan noch geschützt, da die Bäume und Sträucher erst die passende, robuste Größe erreichen müssen. Weiter geht es Richtung Aussichtskanzel „Zum Schießstand“, die einen weiten Blick über das Grünland mit Feuchtwiesen und Weideland (typisch für die Zeit von 1920 bis 1960) bis hin zur Wasserbüffelweide erlaubt. Über Verlängerungsrouten und den Rundwanderweg A7 können sowohl die imposanten Tiere als auch ein historischer Ziehbrunnen und ein weiterer, höherer Aussichtsturm besucht werden.

Naturerlebnis Heide

Der Zeitfenster-Pfad führt nun zu einem Heidegebiet, das bereits von Weitem rosa leuchtet. Pfade führen über den sandigen Boden durch blühendes Heidekraut zu einem anheimelnd dunkel schimmernden Gewässer, während ringsum der Kiefernwald Wache hält. Überall gibt es etwas zu sehen und zu hören: Es raschelt unter dem Heidekraut, Libellen kreuzen den Weg, Frösche quaken, und im Wasser regt sich etwas. Am Wegrand wachsen – zur richtigen Jahreszeit – die Brombeeren dem Wanderer quasi direkt in den Mund. Irgendwo oben zwischen den Wipfeln betätigt sich der Specht als Zimmermann.

Dingdener Heide im August

Wirtschaftliche Nutzung

Für unsere heutigen Augen ist das „Zeitfenster Ackerland" (1960 bis heute) gewohnt und unspektakulär, doch nach den anderen Eindrücken ist es augenfällig, wie effizient der Mais in Reih und Glied wächst, bis zum Horizont. Dicht an dicht standen auch die Kiefern im Konstantinforst – wirtschaftlich gepflanzt, um möglichst viel Holz zu produzieren. Der Rohstoff wurde vor allem für den Bergbau benötigt; denn Kiefernholz knackt, bevor der Berg bricht. Nachdem die vorher gemeinschaftlich genutzte Heide 1843 in Privatbesitz übergegangen war, wurden auf dem ausgelaugten Boden vor allem Nadelhölzer gesetzt, die keine hohen Ansprüche an den Boden stellten. Die schnellwüchsige Kiefer machte das Rennen, bis ein Flächenbrand 1920 weite Teile des Gebietes heimsuchte. Die steigende Nachfrage nach Fleisch und Milchprodukten führte dazu, dass die Fläche nun für Wiesen und Weiden genutzt wurde, wie sie am Schießstand zu sehen sind.

Weiter südlich wird es wieder wilder. Die „kleine Dingdener Heide" demonstriert anhand der Landschaft im Übergang zwischen Tonschichten und Sandboden die Unterschiede zwischen Feuchtheide und trockener Heide. Durch Plaggenwirtschaft und Beweidung wird heute die Heide erhalten. Die Pfade werden schmaler, das südwestliche Wegstück schlängelt sich über Wurzeln bei völliger Stille durch einen grünen Hexenwald mit düsteren Gräben, Pilzen und moosigen Stämmen am Wegrand. Der rot leuchtende Mumbecker Bach begleitet den Wanderer schließlich in nordöstlicher Richtung durch ein schmales Waldstück zurück zum Ausgangspunkt.

Naturschutz und Rekultivierung

1987 wurde die Heide unter Naturschutz gestellt. Sie wurde in unterschiedliche Bereiche unterteilt, in denen die verschiedenen geschichtlichen Nutzungsstadien wie beispielsweise der Hudewald rekultiviert werden. Der Themenweg führt Besuchern dies an-

Tipp

Alter Märchenwald „Drießens Busch“

„Märchen schreibt die Zeit ...“ Ein Umweg von insgesamt knapp 2 km führt direkt ins Nostalgie-Paradies! Zweigt man am Mumbecker Bach in südwestlicher Richtung von der Route ab, so fühlt man sich bereits nach wenigen Metern wie in einem Zauberwald. Knorrige Wurzeln, wild gewachsene Bäume, ein abwechslungsreicher Pfad und weit unterhalb des Weges der rot schimmernde, plätschernde Bach bringen uns bereits in märchenhaft-geheimnisvolle Stimmung. Nach etwa 800 m öffnet sich das schmale Waldstück nahe der Krechtinger Straße zu einer Lichtung, und zum Vorschein kommen die baulichen Relikte einer Windmühle. Folgt man ab hier dem schmalen Weg zum Bach, so finden sich die Ruinen verschiedenster Gebäude im Tal, am Hang und auf Inseln im Wasser: ein mit Moos überwachsener Brunnen, die Ruine eines Märchenschlosses, Fenster und Tür in den Berg hinein. All dies war in den 1960er Jahren bunt und mit Märchenfiguren bevölkert. August Drießen hatte das Waldstück zunächst für seine Kinder gekauft und mit Bauwerken und Puppen ausgestattet. Doch die Menschen kamen von nah und fern, um diese märchenhafte Attraktion im Wald zu bestaunen. Es gab ein Eintrittshäuschen und eine Bahn mit Elektroautos. Münzautomaten sorgten dafür, dass sich die Windmühlenflügel drehten und die Geschichte der Märchen erzählt wurde. Auch eine Ponyfarm und ein Spielplatz sollen Teil dieser Freizeitanlage gewesen sein. Dies alles ist längst vorbei. Drießen verstarb, und das Kinderglück war dem Verfall und auch der Plünderung ausgesetzt.
Und doch ist es noch heute ein magischer Ort: Kleine Brücken führen über den Bach, und die Hänge können über Treppen und Pfade teils mit Geländer erklommen werden. Das Wasser ist an dieser Stelle flach, breit und ruhig, glitzert im Sonnenschein und lädt zum Spielen und Verweilen ein. Hoch über den stillen, die Phantasie anregenden, märchenhaften Resten thronen Bänke – perfekt, um sich am Anblick dieses verwunschenen Ortes zu erfreuen.

Mystischer Tümpel in der Heidelandschaft

schaulich vor Augen. Er ist, vor allem im nördlichen Bereich, in weiten Teilen barrierefrei, erfordert jedoch aufgrund des Untergrunds (Waldboden, Schotter, Grünstreifen in der Mitte) stellenweise Hilfe beim Schieben. Die schmaleren und stärker bewurzelten Pfade im Süden des Gebiets können über alternative, gut ausgebaute Strecken problemlos umgangen werden. Bänke am Wegrand laden zum Entspannen, Schauen und Verweilen ein.

Traumerische
Themenwege
Kunst & Natur in
Marienthal
Idyllischer Isselweg

Sommersehnsucht spricht aus jedem Wort. Rund um Marienthal herrscht Poesie! Wenn die Grillen im mannshohen Gras zirpen und die Libellen die seerosenbewachsene Issel umschwirren, dann ist Hochsommer – wenn nicht am Himmel, so doch zumindest im Gemüt.

Kunst und Balladen beherrschen die Szenerie rund um die bekannte Klosterkirche, und die Zelte auf dem Veranstaltungsplatz etwas außerhalb des Dorfkerns am Rande der Wiesen, Auen und Wäldchen künden von kulturellen Veranstaltungen, allen voran die überregional bekannten „Marienthaler Abende". Der verträumte kleine Ort weiß mit liebevoll geführtem Einzelhandel zu überzeugen, gerne auch untergebracht in den historischen Gebäuden, die den Dorfplatz säumen. Hier ist auch sonntags geöffnet, dafür bleibt es meist montags und dienstags ruhig. Die Uhren ticken eben anders als sonst überall.

Anreise Pkw/Parkplatz:
Wanderparkplatz, Pastor-Winkelmann-Straße 10,
46499 Hamminkeln-Marienthal (GPS 51° 43'57.53"N, 6° 44'6.75"E)

Anreise ÖPNV:
Buslinien 62, 72, BHB, Haltestelle „Marienthal Kirche"

www.marienthal.de

Vielfältige Themenwege

Die Dorfgemeinschaft hat hier – meist mit einfachen Mitteln, ohne „Gedöns", dafür mit viel Liebe – Themenwege eingerichtet: Unter dem Motto „So war's einmal" erzählen Infotafeln vom Leben anno dazumal, der Kinder-Natur-Lehrpfad erklärt die Gegebenheiten im landwirtschaftlichen Areal der Umgebung, und der Isselweg führt als 800 m lange „Sackgasse", beginnend beim Marienthaler Gasthof, stromaufwärts an der idyllischen Issel entlang mitten durch die Natur und auch mal durch hohes Gras zu einer Bank, begleitet von des Reihers lautlosem Flügelschlag. Die Texte am Poesieweg wirken inspirierend und ansteckend: Die Rede ist von Sonnenschein, Liebe und lauen Sommernächten, mal klassisch und auch mal zeitgenössisch, während am Balladenweg die Schülerinnen und Schüler der örtlichen Gesamtschule Werke zu den Beatles vorstellen. Das Herz schlägt im Einklang mit Natur und Kunst, und im Angesicht all dieser Schönheit kann die Seele in Ruhe durch die niederrheinische Landschaft schweifen.

Balladenweg

Skulptur am Weg der Poesie

Verträumt: Issel am Marienthaler Gasthof

In der Nähe

Neue Wildnis Dämmerwald

Ein 2,6 km langer Erlebnispfad führt durch einen alten Buchen- und Eichenwald. Was unspektakulär klingt, hat es in sich: Auf 128 ha Fläche bleibt der Wald sich selbst überlassen. Wildnisfenster öffnen den Blick auf Themen wie „Lebensgemeinschaft Wald“ und „Werden und Vergehen“ oder zeigen die verschiedenen Stockwerke eines Waldes auf. Bäume wie die Hudebuche, aber auch die mächtige Eiche und die alte Kiefer begleiten die barrierefreie Strecke ebenso wie der Rehbach und etliche Infotafeln, die sich mit Themen wie dem Erlenbruch oder der Waldwiese beschäftigen. Die kostenfreie App „Wildnisgebiete-NRW“ begleitet die Reise durch die Natur und ergänzt das Erlebnis vor Ort durch „Augmented Reality“ mit virtuellen Tieren, Pflanzen und Bäumen im 360°-Panorama. Startpunkt ist übrigens das Wildnistor am Teufelsstein an der Malberger Straße – in der Nähe des namensgebenden skurrilen Findlings aus Braunkohlesandstein, der angesichts seiner Form und Geschichte(n) allein schon einen Ausflug wert ist!

www.wildnisgebiete-nrw.de/daemmerwald

Von mystischen Plätzen und Teufelssteinen

Sagenreicher Hünxer Wald

Waldidylle im Quellgebiet

Im Hünxer Wald, unmittelbar an der Grenze zu Dinslaken, warten gleich zwei verwunschene, sagenumwobene Orte auf ihre Entdeckung!

Nur wenige Meter vom Wanderparkplatz an der Bergerstraße entfernt macht ein Zaun auf ein Naturdenkmal aufmerksam: Die Überreste des mächtigen Kürbaums, der 1937 zusammenbrach, erzählen eine Geschichte aus uralten Zeiten. Es handelte sich um zwei Bäume, eine Eiche und eine Buche, die sich durch ihr Wachstum in der Krone zu einem einzigen Baum vereinigt hatten. Ihre Überreste sind noch deutlich erkennbar und durch einen Zaun geschützt. Dahinter erhebt sich eine junge Blutbuche. An diesem machtvollen Ort befand sich in vor- und frühgeschichtlicher Zeit eine Versammlungs-, Opfer- und Gerichtsstätte. Hier wurden die Götter verehrt, Urteil gesprochen und die „Ältesten" gewählt, die den Stamm anführten.

Anreise Pkw/Parkplatz:
Wanderparkplatz Kürbaum, Bergerstraße, 46539 Dinslaken
(GPS 51°36'16.85"N, 6°49'42.52"E)

Anreise ÖPNV:
Buslinie 98, Haltestelle „Dinslaken Am Uhlensterz"

www.huenxe.de
www.sagenhaftes-ruhrgebiet.de

Eine Sage handelt davon, dass ein missionierender Mönch Gott bat, diesen Baum zu zerstören, damit er die Germanen bekehren könne. Tatsächlich fuhr ein Blitz vom Himmel und spaltete den kraftvollen Giganten. Doch bereits kurz darauf entsprang der Wurzel neues Leben, und eine starke Buche wuchs heran.

Der Teufel warf mit Steinen

Nur 500 m nördlich dieser Stelle war der Überlieferung nach der Teufel am Werk. Einen ersten, halb im morastigen Untergrund versunkenen Stein kann man bereits an der Wegkreuzung finden, an der der Teufelssteinweg vom Knuppelweg abzweigt. Weitere vier „Teufelssteine" liegen etwas weiter östlich im Quellgebiet des Gartroper Mühlenbaches. Ein liebevoll gestaltetes Holzschild und ein Steg weisen den Weg zu einem großen und zwei kleinen Tertiärquarziten, die vor etwa 10 Millionen Jahren aus den Ablagerungen eines früher hier vorhandenen Meeres entstanden. Es handelt sich nicht um Findlinge, sondern um durch Verkieselung des sandigen Meeresbodens vor Ort gebildete Braunkohlesandstein-Brocken mit Löchern, die möglicherweise von Wurzeln stammen. Der größte, malerisch bemooste Stein mit Maßen von 410 x 350 x 50 cm liegt am anderen Ufer des Bachgrabens oberhalb der Böschung.

Gleich zwei Legenden ranken sich um die Herkunft der Steine – eine davon ist eng mit dem Weselerwald-Teufelsstein bei Schermbeck verbunden. Als sich das Christentum immer weiter verbreitete,

Die Fingerabdrücke des Teufels sind deutlich zu erkennen.

ärgerte sich der Teufel über das Gebimmel der Kirchenglocken, die betenden Mönche in Marienthal und den Bau immer weiterer Kirchen in Hünxe und Drevenack. Er brach ein Stück aus den Testerbergen heraus und schleuderte es in Richtung der neuen Kirchen. Es landete jedoch im Dämmerwald. Er griff nach weiteren Brocken und schleuderte sie auf die Gotteshäuser, doch die Sonne blendete ihn und sie landeten in der Hohen Ward im Hünxer Wald. Dort liegen sie heute noch.

Etwas unbekannter ist die Sage, nach der zwei Riesen auf der Jagd nach Auerochsen und Bären am Kürbaum haltmachten. Der jüngere Riese hatte Sand im Schuh, der ihm große Schmerzen verursachte. So schüttelte er den Riesenklompen aus und fand mehrere kleine Steinchen, die er achtlos ins Unterholz schnipste. Seine Fingerabdrücke sind heute noch zu erkennen.

Info

Naturpark Hohe Mark

Dort, wo Niederrhein, Münsterland und Ruhrgebiet scheinbar nahtlos ineinander übergehen, hat die Natur eine äußerst vielseitige Landschaft geschaffen: Heidegebiete, urtümliche Wälder, landwirtschaftliche Flächen, Flussauen, mäandernde Bäche, Seen und leichte Hügel wechseln sich ab und schaffen eine unverwechselbare Atmosphäre, die niemanden kaltlässt. Namensgebend ist ein wellig-hügeliges Wald- und Heidegebiet auf Sandsteinschichten mit tief eingeschnittenen Trockentälern nördlich von Haltern und Dorsten. Auf 1.978 km^2 Fläche lässt es sich vortrefflich in die Natur eintauchen: Neben einem breit gefächerten Reitwegenetz und dem „Hohe-Mark-Steig“ bieten 3.890 km Wanderwege, 1.530 km Radwege und 350 km Wasserwanderwege schier unendliche Möglichkeiten für Freizeit und Erholung und zum Rückzug aus dem Alltag.

www.naturpark-hohe-mark.de

Freizeitschätze im Tannenbusch

Naturerlebnisse in Dormagen-Delhoven

Sanft und neugierig:
Rotwild im Tannenbusch

Neben der beeindruckenden mittelalterlichen Feste Zons, etlichen Museen und dem Wassersportzentrum am „Strabi" (Straberg-Nievenheimer See) hat Dormagen noch deutlich mehr zu bieten: Im kleinen, von außen unscheinbaren Tannenbusch bei Delhoven verbirgt sich ein wahres Juwel an verschiedenartigen Freizeitmöglichkeiten, die alle frei zugänglich sind und kostenlos besucht werden können.

Im Herzen des Waldes leben zwischen heimischen Baumarten, Kiefern und Mammutbäumen 130 Säugetiere und 100 Wasser- und Hühnervögel in verschiedenen Gehegen. Rot- und Damwild, Weide- und Wildschweine konkurrieren mit Heck- und Hausrindern, Tarpanen, Eseln, Schafen, Ziegen, Mufflons, Eichhörnchen, Kaninchen, Meerschweinchen, Störchen, Pfauen und Nandus um die Gunst der kleinen und großen Besucher.

Anreise Pkw/Parkplatz:
Mehrere Parkplätze an der Straße Im Tannenbusch, 41540 Dormagen (2,50 € Parkgebühr an Wochenenden und Feiertagen, GPS 51° 4'58.38"N, 6°47'23.44"E)

Anreise ÖPNV:
Buslinien 871, 883, NE/WE1, Haltestelle „Dormagen Zum Tannenbusch"

www.svgd.de

Doch das ist noch nicht alles: Der große Generationenspielplatz und die Picknickwiese lassen keine Wünsche offen. Natürlich gibt es auch ein Waldgasthaus und einen Kiosk sowie ein Museum mit Waldschule.

Geopark und Naturerlebnis

Nachdem bereits im Tierpark der Baumpfad Wissen über 30 verschiedene Pflanzenarten vermittelte, kann bei Streifzügen durch den Tannenbusch die Natur erforscht werden. Hefte mit Mitmach-Rätseln können den Infokästen am Geopark entnommen werden. Sie geben zudem einen Überblick über den 2 km langen Naturerlebnispfad und vermitteln, ergänzend zu den Infotafeln an den 10 Stationen, Informationen. Höhepunkte sind dabei fünf besondere Bäume: der Baum der Wahrheit, der Wasserbaum, die Bienenherberge, der Wunschbaum und der Jahresringe-Baum – ein Blick in dessen Stamm offenbart unter anderem die Zeitpunkte, an denen die nahegelegene Brauerei gegründet, die Bayer-Werke angesiedelt und der Tierpark eröffnet wurden. Der Geopark, zugleich Start- und Endpunkt der (Na)Tour, hat das Zeug dazu, jeden Besucher und jede Besucherin – gleich welchen Alters – für die Erdgeschichte und ihre Gesteine zu interessieren. Dies beginnt mit einer auf dem Boden dargestellten Zeitreise durch die Erdgeschichte und dem Alter bestimmter am Wegrand wachsender Pflanzenarten und endet in einer Felsenlandschaft mit verschiedenen Gesteinen. Die Infotafeln zeigen dabei anhand der Farben die Entstehung der Brocken: rot steht für aus glutflüs-

Der Jahresringe-Baum

Spannende Entdeckungen im Geopark

Waldgasthaus Tannenbusch

siger Magma entstandene Formationen (zum Beispiel Basalt), blau für durch hohen Druck und hohe Temperatur umgewandelte Gesteine (beispielsweise Schiefer) und gelb für Gebilde aus mechanischen oder chemisch-biogenen Ablagerungen (wie Sandstein). Das Ganze ist nicht nur spannend und unterhaltsam vermittelt, sondern zudem auch noch in eine harmonische Parkanlage eingebettet.

Für besonders sportliche Naturen sind ein Trimm-dich-Pfad und eine Nordic-Walking-Strecke ausgewiesen. Und wenn die Besucher einmal ihr Herz an den Tannenbusch verloren haben, können sie hier sowohl für Tiere eine Patenschaft übernehmen als auch einen Obstbaum pflanzen.

Weißstorch

In der Nähe

Kloster Knechtsteden

Dass auch Klöster mit vielseitigen Freizeitmöglichkeiten für jedes Alter trumpfen können, wird hier aufs Eindrucksvollste bewiesen. Die Anlage der ehemaligen Prämonstratenser-Abtei wird beherrscht von einer romanischen Basilika mit drei prachtvollen Türmen, die 1138-1180 erbaut wurde. Aus dieser Zeit stammt auch ein Fresko, das Christus als Weltherrscher zeigt. Die Pietà (Gnadenbild) der schmerzhaften Mutter stammt aus dem 14. Jahrhundert. Das Torhaus wurde im barocken Stil im 18. Jahrhundert erbaut. Rings um die Klosteranlage lässt sich das Leben feiern: Im Klosterladen werden Devotionalien, aber auch gebrauchte Kleidung, Bücher, Fairtrade-Produkte, Kunsthandwerk und Eis verkauft, der Kulturhof bietet Räumlichkeiten zum Feiern und Tagen, etliche Künstlerinnen und Künstler haben sich in den Nebengebäuden Ateliers und Werkstätten eingerichtet und beleben den Klosterhof mit ihrer Kunst, und auch eine biologische Station und ein Kindergarten haben sich hier angesiedelt. So beherbergen die Grünanlagen am Kloster nicht nur einen Kräuter- und einen Obstsortengarten, sondern auch einen Spielplatz. Bei der Kloster-Rallye können Kinder auf eigene Faust Rätsel lösen und sogar etwas gewinnen. (Das Heft kostet allerdings 2 €.) Ein Obst-Wanderweg mit drei unterschiedlich langen Routen gibt Informationen zu alten Obstsorten und dem Anbau in Klöstern, erschließt aber auch die benachbarte Wald- und Bruchlandschaft. Und das Restaurant im Klosterhof bietet nicht nur einen Biergarten, sondern sogar Ritteressen an.

www.kloster-knechtsteden.de, www.klosterhof-knechtsteden.de

Spannendes Relikt der Römerzeit: das Badehaus

Wie ein quirliger Gebirgsbach fließt die Wurm auf ihrem Weg aus dem Aachener Wald nach Norden, wo sie nach 53 km bei Heinsberg-Kempen in die Rur mündet, die weiter zur Maas fließt. Der Name „Wurm“ stammt nicht etwa von ihrem ursprünglichen mäandernden Verlauf, sondern hat vermutlich etwas mit ihrer Temperatur zu tun: Wie die Aachener Heilquellen ist die Wurm warm! Ihrer Umgebung beschert sie damit reichlich Nebel, doch schon die Römer fanden Gefallen an dem idyllischen Flüsschen.

Auch ein bisschen wild: die Wurm

Anreise Pkw/Parkplatz:
Wanderparkplatz, In der Schley (gegenüber Haus Nummer 42), 52531 Übach-Palenberg (GPS 50° 55‘40.17“N, 6° 5‘37.17“E)

Anreise ÖPNV:
Buslinien 431, 492, Haltestelle „Marienberg Sandberg“

www.uebach-palenberg.de

Die malerische Bogenbrücke überspannt die Ausläufer der Seen.

Als 1988 rund um sechs Seen in der Wurmaue zwischen Palenberg und Marienberg die heutige Parkanlage angelegt wurde, stieß man bei Erdarbeiten am Obersee auf die Überreste eines römischen Gutshofes, der dort im 2. und 3. Jahrhundert bewohnt und bewirtschaftet wurde. Das Hauptgebäude befindet sich unter dem Aussichtshügel, doch das 13 x 6 m große Badehaus wurde freigelegt und rekonstruiert. Der Übergang zwischen den antiken Steinen und den konservierenden Aufmauerungen ist durch eine vertiefte Fuge erkennbar. Die Ruine ist frei zugänglich und begehbar – Geschichte zum Sehen und Anfassen im besten Sinne!

Der Obersee ist zudem bei Modellbootfreunden sehr beliebt. Gleich nebenan bieten ein Generationenspielplatz, ein Minigolfplatz, ein Tretbootverleih, ein Konzertpavillon, weitläufige Wiesen und verschiedene Sportplätze (auch für Boule und Boccia) sowie eine Gastronomie mit „aussichtsreicher" Dachterrasse Spaß und Abwechslung für die ganze Familie.

In der Nähe

Teverener Heide

Zwischen Geilenkirchen, Übach-Palenberg, Gangelt und dem niederländischen Brunssum erstreckt sich ein vielseitiges Naturschutzgebiet mit Heide- und Moorlandschaften, Wäldern und Seen. Neben der abwechslungsreichen Landschaft können dort etliche vom Aussterben bedrohte Tierarten beobachtet werden. Verschiedene Rundwege sind farblich gekennzeichnet.
www.teverenerheide.de

Tierpark Alsdorfer Weiher

Keine 10 km vom Wurmtal entfernt formte der Broicher Bach seine eigene Senke. In dem kleinen Waldgebiet am Alsdorfer Weiher ist ein wahres Freizeitparadies entstanden, mit einem weitläufigen Spielplatz und einem tagsüber kostenlos zugänglichen Tierpark mit großem Wildgehege. Es fallen lediglich (und nur bei der Anreise mit dem Auto) 3 € Parkgebühr an. Dam-, Rot- und Schwarzwild, aber auch Ziegen, Mufflons, Heidschnucken, Lamas, Esel, die niedlichen Erdmännchen und viele weitere Tiere erwarten die kleinen und großen Besucher. Grillplatz, Minigolfanlage, Verkehrsübungsplatz, eine Skaterbahn und ein Bootsverleih, aber auch ein „Garten der Sinne" runden das Angebot ab.
www.tierpark-alsdorf.de

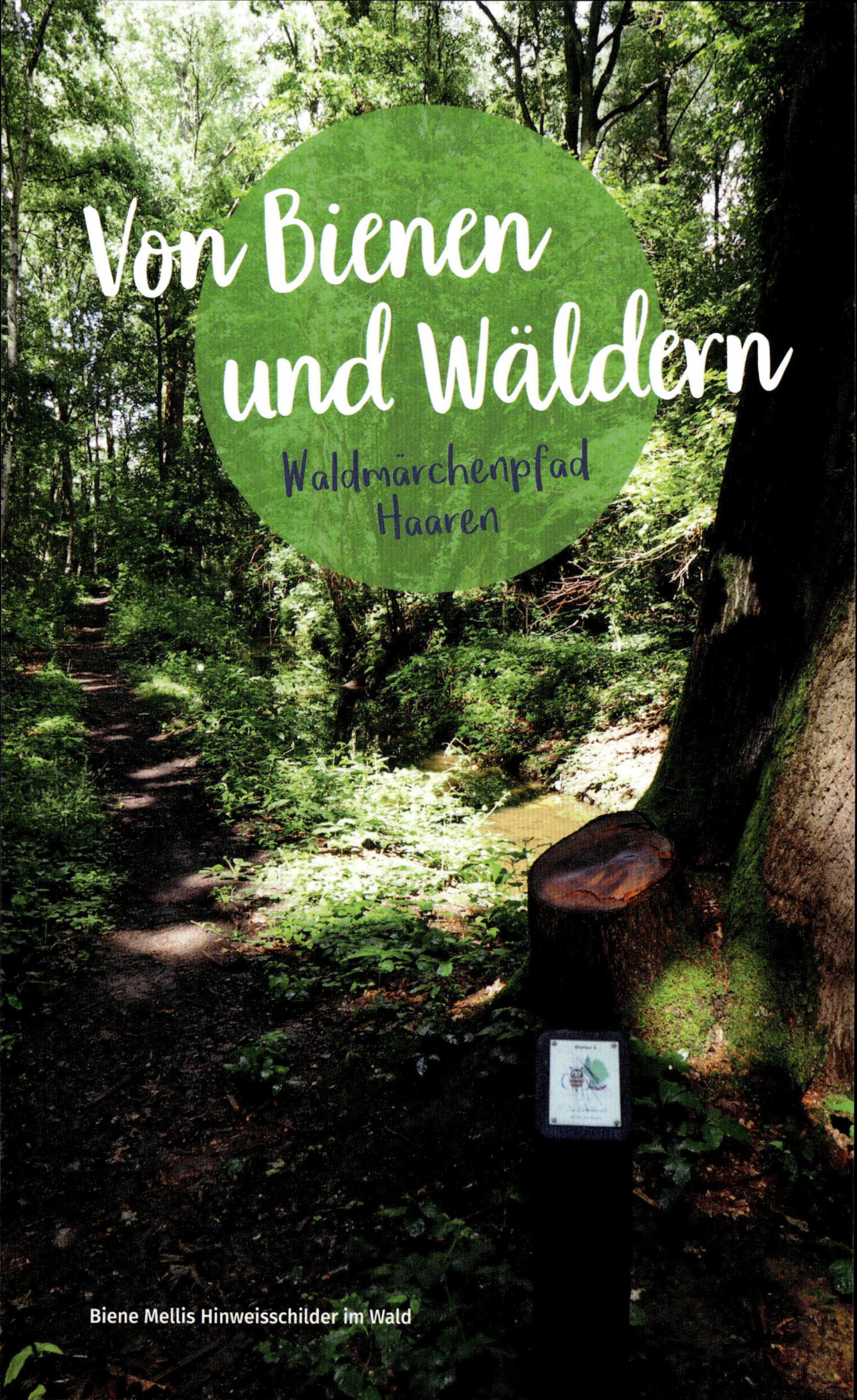

Biene Mellis Hinweisschilder im Wald

„Kinder, helft ihr mir, das Rätsel zu lösen?" Die kleine Biene Melli sitzt gerade in der Kastanie vor dem Café Zur Klus, als sie ein merkwürdiges Geräusch hört. Aufgeregt fliegt sie von einer Station zur nächsten, trifft andere Tiere, erfährt die spannendsten Dinge über die Natur und findet schließlich wieder den Weg nach Hause. Ein barrierefreier, 4 km langer Rundweg folgt ihren Spuren durch den Kitscher Bruch und bringt kleinen und großen Menschen die Natur vor Ort näher.

Dabei wandern Kinder und Erwachsene zwar die gleiche Strecke, erleben aber ganz verschiedene Abenteuer. Kulturlandschaft und Naturschutzgebiet wechseln sich ab – ebenso unterschiedlich sind die Attraktionen am Wegrand. Von der Spechthöhle im Totholz über den Erlenbruch bis zur Lysimeteranlage ist alles dabei. Während die Strecke barrierefrei ausschließlich über befestigte Wege führt, zweigen rechts und links kleine Pfade und faszinierende Wege ab, die erkundet werden wollen.

Anreise Pkw/Parkplatz:
Café Zur Klus, Kluserweg 27, 52525 Waldfeucht-Haaren
(GPS 51° 5'49.48"N, 6° 2'22.63"E)

Anreise ÖPNV:
Buslinie 475, Haltestelle „Waldfeucht, Haaren Kirche"
(800 m Fußweg zum Startpunkt)

www.waldfeucht.de

Mitten im Wald liegt noch ein Kleinod, das zwar nicht Bestandteil des Märchenpfades ist, aber unbedingt besucht werden sollte: Der Peter-Müller-Park mit Oasen der Ruhe, Kunstobjekten und einem Biotop lädt dazu ein, Atem zu schöpfen, Kraft zu tanken und der Natur zu lauschen. Obwohl es sich um ein privates Gelände handelt, ist es frei zugänglich und ein echter Glücksort.

Gedichtstein und Bienenlehrpfad

Nach etwas Lyrik im Wald, der Information, dass Holzschuhe aus Erlenholz gefertigt werden, und einer Begegnung der Biene Melli mit einem Frosch beginnt schließlich der Imkerlehrpfad mit Insektenhotels, umfassenden Informationen zu Bienen, Hummeln, Wespen, Hornissen und der Imkerei, einem Picknickplatz und einem Barfußpfad. Vorbei an Blühstreifen, Obstwiesen und Hecken erfahren die Besucher und Besucherinnen auch einiges über die wissenschaftliche Erforschung des Erdbodens und die Reinigung der menschlichen Abwässer. Auch das Café, Ausgangspunkt und Ziel der vielseitigen Natur-Erlebnis-Tour, hat seine Geschichte zu erzählen. Die „Klus“ mit der Kapelle aus dem Jahr 1790 befindet sich in der Nähe eines vorchristlichen Gräberfeldes. Bereits im 8. oder 9. Jahrhundert wurde hier eine kleine Taufkirche erbaut. Heute gibt es hausgemachte Kuchen und gemütliche Sitzgelegenheiten im Garten unter dem uralten Kastanienbaum. Allerdings erst, nachdem die kleine Melli nach Hause gefunden hat.

Poetisch: Gedichtstein am Wegrand

Grüne Idylle im Peter-Müller-Park

Tipp

Tim Berresheims Bilderreise

Eine 90 km lange Radroute kombiniert 17 verborgene Höhepunkte und Lieblingsorte im Heinsberger Land mit Augmented Reality. So verschmilzt die Realität vor Ort über eine App mit virtuellen Darstellungen und moderner Kunst. Ein Pocket-Guide mit einer Karte zur Orientierung und die prägnanten Schilder helfen bei der Orientierung. Die Route ist in zwei Schleifen teilbar und macht auch am Peter-Müller-Park Station.

www.bilderreise.bike

Auf Traumpfaden über Stock und Stein

Abenteuer im Birgeler Urwald

Wildromantische Natur am Schaagbach

Ein wahrer Schatz verbirgt sich im Birgeler Urwald, der seinen Namen zu Recht und mit Stolz tragen kann. Seit 2012 führt der 14,9 km lange gleichnamige Premiumwanderweg durch das Gebiet – eine Strecke, die mit viel Liebe und äußerster Sorgfalt so gewählt wurde, dass die abwechslungsreiche Natur mit einem gewissen Abenteuerfaktor und fast vollständig fernab der Zivilisation genossen werden kann. Wer keinen Wert auf den Besuch der Wallfahrtskapelle legt, findet in dem über 10 km führenden „Traumweg Wildes Schaagbachtal" eine echte Alternative mit ähnlicher, stellenweise identischer Wegführung.

Es geht über Stock und Stein, teils unter tiefhängenden Ästen hindurch, über Brücken und auf Holzbohlen durch Feuchtgebiete, vorbei an Sümpfen und spiegelglatten Moorseen, auf und ab über sandige Hügel, federnde Waldwege und verwurzelte Pfade oder auch durch Hohlwege, die Caspar David Friedrich nicht schöner hätte malen können.

Anreise Pkw/Parkplatz:
P4 am Kreisverkehr B221, Heinsberger Straße 139,
41844 Wegberg-Wildenrath (GPS 51° 7'10.78"N, 6° 11'40.87"E)

Anreise ÖPNV:
Buslinie 413, Haltestelle „Wegberg-Wildenrath, Haus Wildenrath"

www.wa-wa-we.eu

Kiefern und Farnkraut werden abgelöst von verzaubert erscheinenden Buchenhainen, dann wieder von knorrigen Eichen, und gelegentlich gewährt der Waldrand einen freien Blick über das weite Land. An den Stämmen werkelt deutlich hörbar der Specht, Schmetterlinge und Libellen schwirren am Wegrand, und das Rascheln irgendwo in den Baumkronen entpuppt sich bei genauerer Betrachtung als Eichhörnchen, das flink von Ast zu Ast springt.

Westwall und Friedhofsberg

Ganz ohne Zivilisation kommen auch diese Wege nicht aus: Beide führen über recht steile und rutschige Passagen an den Relikten des Westwalls vorbei. Auf dem Dänneberg, der sich über die Ortschaft Birgelen erhebt, entstanden zum Ende des Zweiten Welt-

Sumpf im Schaagbachtal

krieges mehrere Bunker und Ringstände. Reste dieser Bauten sind am Wegrand noch erkennbar. Auch der alte Bahndamm wurde in die Streckenführung des Premiumwanderweges einbezogen. Wo früher Personen und Güter von Dalheim nach Jülich befördert wurden, können heute Wanderer buchstäblich „über den Dingen stehen“ – und gehen. In freudiger Erwartung der Wallfahrtskapelle „Birgelener Pützchen“ führt der Weg zunächst an einem anderen magischen Ort vorbei. Nach einem stillen, weiten Buchenhain mit mächtigen, alten Bäumen erzählt der Friedhofsberg seine Geschichte. Oberhalb eines malerischen, uralten Hohlwegs gelegen, diente der Ort bereits vor der Errichtung einer Taufkirche um 800 n. Chr. als heidnische Kultstätte. Auf den Fundamenten dieser kleinen Bergkirche steht heute eine neugotische Friedhofskapelle, umgeben von weitläufig angeordneten, bis zu 500 Jahre alten Grabstätten.

Birgelener Pützchen

Glücksort Birgelener Pützchen

Gleich um die Ecke beginnt ein Kreuzweg zur Birgelener Pützchen genannten Wallfahrtskapelle, einer der zehn gewählten Glücksorte der Wassenberger Einwohner. In ihrer Mitte befindet sich ein Brunnen. Bereits die Heiligen Lambertus und Willibrord sollen im 7./8. Jahrhundert auf diesem Gebiet Taufen vorgenommen haben. Ein guter Ort zum Verweilen, Kräfte schöpfen und zum Nachdenken über Glück und Dankbarkeit. So wie auch dieser Wald und seine Wege, die uns die Wunder der Natur so eindrucksvoll vor Augen führen und uns zum Bad in wilder, urtümlicher Landschaft einladen.

Tipp

Naturschutzstation Haus Wildenrath

Die biologische Station auf der historischen Fachwerk-Hofanlage informiert über die heimische Tier- und Pflanzenwelt. Sie beherbergt nicht nur etliche vom Aussterben bedrohte alte Haustierrassen, sondern auch den Rheinischen Obstsortengarten, ein Weidenlabyrinth, einen Barfußpfad und ein besonders großes und eindrucksvolles Insektenhotel. Es lohnt sich, während der Wanderung dort Pause zu machen und sich umzusehen.

www.naturschutzstation-wildenrath.de

Pfad durch den Urwald

Per pedes durch unser Sonnensystem

Astronomischer Lehrpfad Brüggen

Station „Jupiter“ in den Schwalm-Auen

Nicht etwa per Anhalter durch die Galaxis, sondern zu Fuß oder auch sehr gut mit dem Fahrrad oder Rollstuhl/Kinderwagen lässt sich in den Brüggener Schwalm-Auen unser Sonnensystem erwandern. Der Planetenweg beginnt an der Ecke Deichweg/Nauenweg und ist als 4,5 km langer Rundweg konzipiert, auf dem sich der Abstand der Planeten zur Sonne im Größenverhältnis von 1 : 1 Milliarde erwandern oder erradeln lässt – das bedeutet, dass jeder zurückgelegte Meter einer Million Kilometern entspricht. An den Planeten-Stelen gibt es reichlich Infos zum jeweiligen Himmelskörper.

Anreise Pkw/Parkplatz:
Kreuzherrenplatz, 41379 Brüggen
(GPS 51°14'21.53"N, 6°11'4.05"E)

Anreise ÖPNV:
Buslinie 072, Haltestelle „Brüggen Burg"

www.bewusst-brueggen.de

Man muss nicht brennend an unserem Sonnensystem interessiert sein, um bei solchen Fakten fasziniert aufzuhorchen. Würde ein Teilchen aus dem Inneren der Sonne (hier herrschen 15 Mio. °C!) auf unsere Erde fallen, so wäre sämtliche Materie im Umkreis von 100 km sofort verbrannt. Ein Merkurtag dauert 58 Erdtage. Und wussten Sie, dass der Neptun wie die Erde im Weltall blau leuchtet? Dort dauert eine Jahreszeit mehr als 40 Jahre. Diese und noch viel mehr spannende Informationen halten die Stelen an jeder einzelnen Station für die aufmerksamen Lesenden bereit. Die Runde führt in weiten Teilen gewunden an der Schwalm entlang und ist ein wahrer Genuss für Leib und Seele – angereichert mit den verschiedensten Bänken, Relax-Liegen und Picknickplätzen nicht nur in der wärmenden Sonne, sondern auch im angenehm kühlen Schatten.

Tipp

Dilborner Piratennest, Burgi-Runde und Quiz

Familien sollten den kleinen Abstecher (100 m) über die Schwalmbrücke zum Dilborner Piratennest machen – einem schönen Abenteuerspielplatz am Jugendzentrum Schloss Dilborn.

Wenn es noch etwas mehr Schwalm sein darf, lässt sich die Runde schön erweitern oder ein separater Ausflug zur „Kleinen Burgi-Runde“ planen. Ein etwa 1,3 km langer Rundweg führt vom Tor der Burg Brüggen an der Brüggener Mühle vorbei in die weiter östlich und flussaufwärts gelegenen Schwalm-Auen. Kinder, die es geschafft haben, alle Brücken auf der Runde zu zählen, erhalten bei der Touristinfo einen Preis. Hier gibt es auch ein Faltblatt zu der Route sowie das Brüggen-Quiz „Burgi will's wissen!“, das für Schnitzeljagden und zum Erkunden der Sehenswürdigkeiten vor Ort genutzt werden kann.

In der Nähe

Brachter Hausgeschichten

Zwischen der Brachter Mühle und der Kirche St. Mariä Himmelfahrt erzählen Tafeln an den Hausfassaden, bebildert mit historischen Fotos, die Geschichte des Gebäudes und seiner Bewohner und Bewohnerinnen. So galt das Haus Marktstraße 23 zur Zeit seiner Erbauung als das größte Haus im Ort. Nur zwei Häuser weiter lebte Anfang des 20. Jahrhunderts eine Handweber-Familie mit 19 Kindern und drei Webstühlen ohne Strom oder fließendes Wasser auf engstem Raum. Anhand der eindrucksvollen Schilderungen fällt es leicht, in alte Zeiten einzutauchen!

In den Schwalm-Auen

Bunte Vielfalt im idyllischen Wald

Unterwegs auf den Süchtelner Höhen

Schnitzerei am Wegrand

Wie ein dunkelgrünes Band ziehen sich die Süchtelner Höhen mitten durch das mit 91 km² beachtlich große Gebiet der Kreisstadt Viersen mit vier Stadtteilen und 26 Ortsteilen – mit 90 m Höhe zugleich die höchste Erhebung im ganzen Kreis. Den geografischen Mittelpunkt Viersens markiert dabei das Steinlabyrinth am Rande der Natursportanlage Hoher Busch an der Südseite des Höhenzuges.

35 x 35 m misst das Labyrinth aus Kalksteinfelsen. Die Felsen stammen aus dem Neandertal und wurden in der klassischen kretischen Form rund um einen Apfelbaum im Zentrum angeordnet.

Anreise Pkw/Parkplatz:
Wanderparkplatz Hoher Busch, Josef-Kaiser-Allee, 41747 Viersen (GPS 51° 15‘37.45“N, 6° 22‘13.24“E)
Parkplatz Süchtelner Höhen am Sportpark, Hindenburgstraße 101, 41749 Viersen (GPS 51° 16‘44.97“N, 6° 21‘8.27“E)

Anreise ÖPNV:
Buslinie 080, Haltestelle „Stadion Hoher Busch – Viersen“
Buslinie 064, Haltestelle „Viersen Süchteln Höhen“

www.viersen.de

Wirklich beeindruckend: das Steinlabyrinth am Hohen Busch

Ohne Irrwege führt der Weg wiederholt näher ans Ziel und entfernt sich dann wieder, bis der Endpunkt nach 525 m Strecke erreicht werden kann – dies steht symbolisch für den persönlichen Lebensweg. Darüber kann man auf der Bank unter dem Baum dann erst einmal nachdenken.

Hoher Busch

Gleich nebenan bieten sich fast unendliche Sportmöglichkeiten. Neben den üblichen Sportplätzen und einer weiten Wiesen- und Parklandschaft gibt es Action zum Nulltarif: Skateplaza-, BMX- und Dirt-Park sowie Felder für Basket- und Beachvolleyball und reichlich Platz, um Drachen steigen zu lassen. Rundwanderwege, Nordic-Walking-Strecken und Reitwege führen von hier hinauf auf den Hohen

Busch. Am höchsten Punkt, der Wilhelmshöhe, thront der 1901 eingeweihte 18 m hohe Bismarckturm – ein stattliches Bauwerk auf einer Lichtung. An verschiedenen Punkten im Wald haben Künstlerinnen und Künstler ihre Installationen verteilt, die teilweise mit Augmented-Reality-Anwendungen arbeiten; ein älteres und profaneres Gebäude ist dagegen der 120 Jahre alte, denkmalgeschützte eiserne Wasserhochbehälter nur wenige Meter vom Bismarckturm entfernt.

Bismarckturm

Tipp

Stadtgarten Dülken

Gleich um die Ecke befindet sich der Stadtgarten in Dülken mit abwechslungsreichen Parkanlagen, einem „Naschgarten", Wander- und Laufstrecken, einem Fitnessparcours, verteilt gelegenen Spielanlagen und sogar einem 3 m hohen Kraxelfelsen. Die Anlage am Fuße des Wasserturms besteht bereits seit über 100 Jahren.

Wildgehege

Im Zentrum des etwa 70 Hektar großen Waldgebietes auf den Süchtelner Höhen liegt ein frei zugängliches Wildgehege mit Damwild, Wildschweinen, Eseln und Kamerunschafen, mit einer Wildbeobachtungshütte und mehreren Picknickplätzen im Herzen der Anlage. Deutlich sichtbar sind besonders im rückwärtigen Bereich des Wildgeheges dramatische Ereignisse: 2018 und 2019 zerstörten das Sturmtief Friederike und der Orkan Eberhard große Waldstücke. 15.000 Bäume knickten ab. In einer beispiellosen Aufforstungsaktion packte die Bevölkerung mit an und pflanzte im Jahr 2020 neue Bäume für einen gesunden Mischwald, der nun heranwächst. Während der vor Ort ansässige Kletterwald in der Folge dieser Begebenheiten umziehen musste, befinden sich nach wie vor ein Restaurant, ein Naturerlebnisgelände und ein Minigolfplatz in unmittelbarer Nähe.

Irmgardiskapelle

Heilig und magisch wirkt der lichtdurchflutete Wald am nordwestlichen Ende des Höhenzuges, wo sich ebenfalls ein Sportpark anschließt. Die Sonne fängt sich im blühenden Waldgras. Alle Wege scheinen zu der kleinen, hell leuchtenden Irmgardiskapelle zu führen. Hier am Heiligenberg lebte im 11. Jahrhundert eine Einsiedlerin, die heilige Irmgardis. Sie verließ ihre Klause nur, um zu pilgern. Das heutige Kirchlein befindet sich mindestens seit dem 15. Jahrhundert vor Ort. Ein paar Meter seitlich hügelab liegt eine heilige Quelle. Mindestens seit dem Jahr 1740 pilgern Menschen an diesen Ort, und in der Woche nach dem 4. September wird hier jährlich das traditionelle Irmgardis-Oktav mit Gottesdiensten auf der Waldlichtung gefeiert. Auch der kurze Abstecher zum Wassererdbehälter mit Jugendstilportal lohnt sich! Bergauf und bergab durch die spannende Natur, vorbei an alten Landwehrgräben – die Süchtelner Höhen hüten noch viele spannende Geschichten.

In der Nähe

Erlebnisbrücke Nordkanal

An der Stadtgrenze zwischen Mönchengladbachs Norden und Willich-Cloerbruch begeistert ein einfaches Gefährt, das zugleich eine technische Meisterleistung ist. Bei dieser ersten von drei Niersfähren handelt es sich um eine Schwebefähre. An einer filigranen Brücke ist eine Gondel mit einer Grundfläche von 1,50 x 2,50 m befestigt, die über eine Kurbel mit Hilfe der eigenen Muskelkraft von einem Ufer zum anderen bewegt werden kann. Die Namensgebung erfolgte im Rahmen der Euroga 2002/2003, da sich die Konstruktion etwa an der Stelle befindet, an der der von Napoleon geplante Nordkanal in die Niers münden sollte.

Standort: Nähe Spielplatz Cloerbruchallee,
47877 Willich (GPS 51°14‘17.42“N, 6°28‘28.84“E)

Von Gerichtsstätten, Teufelssteinen und Wasserläufen

Rund um Hinsbeck

Hinsbecker Bruc
am Infozentrum
Krickenbecker Seen

Umgeben von bekannten Attraktionen wie der Blauen Lagune, den Krickenbecker Seen und dem Kletterwald Niederrhein birgt die Landschaft zwischen Hinsbeck, Wankum und Herongen so manche Überraschung für neugierige Entdecker mit schmalem Geldbeutel.

Gegensätze ziehen sich an. Die Krickenbecker Seen als Vogel- und Naturparadies, die Wankumer Heide, die Heronger Buschberge und die Hinsbecker Höhen gehen nahtlos ineinander über und ermöglichen abwechslungsreiche Naturerlebnisse.

Anreise Pkw/Parkplatz:

Wanderparkplatz an der Jugendherberge, Heide 1,
41334 Nettetal-Hinsbeck (GPS 51°20'26.21"N, 6°16'44.65"E)
Wanderparkplatz, Herscheler Weg, 47638 Straelen-Louisenburg
(GPS 51°22'31.73"N, 6°15'6.56"E)

Anreise ÖPNV:

Buslinie 095, Haltestelle „Nettetal, Johannesstraße"
Buslinien SL61 und SL66, Haltestelle „Straelen, Herscheler Weg"

www.nettetal.de
www.npsn.de

Der ehemalige Feuerwachturm auf dem Taubenberg überragt die Umgebung und bietet einen weiten Blick über die schier endlose Niederrhein-Landschaft aus Wäldern, Seen, Wiesen, Weiden und landwirtschaftlichen Nutzflächen. Über 150 Stufen sind auf dem Weg auf den 29 m hohen Turm zu überwinden – die Aussichtsplattform liegt dabei auf 110 m über NN.

Historisches auf den Hinsbecker Höhen

Bei dem den Aussichtsturm umgebenden Wald handelt es sich um historisch bedeutsames Gebiet: Bereits am Kletterwald weist ein Schild auf den Amandusbrunnen hin. Der Überlieferung nach soll der heilige Amandus, Missionar und Bischof zu Maastricht, im 7. Jahrhundert hier christliche Taufen durchgeführt haben. Dem Wasser wurde eine heilende Wirkung nachgesagt. Etwas weiter nördlich wurde Gericht gehalten. Auf historischen Karten sind deutlich ein Gerichtsplatz, eine Schöffenschlucht, der Galgenberg und die Geestekuhl zu erkennen. Der Heimat- und Verschönerungsverein hat die alten Stätten im Gelände wieder sichtbar gemacht und gibt auf Tafeln Informationen zur Nutzung in der Vergangenheit, und es ist ein großes Abenteuer, sie aufzusuchen und sich vorzustellen, was sich in längst vergangenen Zeiten dort zugetragen haben mag. In dem Gagelhangmoor unterhalb des Aussichtsturms gibt es neben reichlich Natur auch ehemalige Flachsrösten zu bewundern: wassergefüllte Gruben, in denen der Flachs einem Gärprozess unterzogen wurde.

Aussichtsturm auf dem Taubenberg

An Nette und Nordkanal

Die Flussniederung der Nette und der Kleinen Renne im Norden am Fuße des Höhenzuges ist mit dem Fahrrad und dem Rollstuhl außerordentlich gut erreichbar und bietet im Bereich der alten Flootsmühle eine romantische Mischung an Gewässerläufen, Sumpfgebieten, Wald und Seen. Der „Wasser.Blick 07" über ein Kleingewässer ist hier barrierefrei zugänglich. Parallel zur Nette verläuft der unvollendete Nordkanal, der von Napoleon aus militärischen und wirtschaftlichen Erwägungen heraus geplant wurde und wie die Fossa Eugeniana Maas und Rhein verbinden sollte.

Teufelsstein und Buschberg

An der Radroute durch die idyllische Waldlandschaft, dort, wo Schürkesweg und Jülicher Straße sich kreuzen, liegt etwas überwachsen am Wegrand neben einem Schild über den Verlauf der alten Römerstraße ein Teufelsstein genannter flacher Quarzitfelsen. Um den Fels, der ungewöhnliche Mulden aufweist, ranken sich spannende Legenden: So soll es sich um den Pferdefuß des Teufels handeln, der einst eine pilgernde Jungfer bedrängte. Obwohl er die

Grün, so weit das Auge reicht: Aussicht vom Taubenberg über die Krickenbecker Seen

Gestalt eines jungen Jägersmanns angenommen hatte, erkannte sie die bösen Absichten und schlug das Kreuzzeichen. Der Teufel erglühte vor Wut, und sein Fuß und Pferdefuß bildeten einen Abdruck in der geschmolzenen Erde. Nach einer anderen Überlieferung warf der Teufel im Wettstreit mit einem Hinsbecker Bauern den Stein bis an diese Stelle.
Die Landschaft hier ist grün und abwechslungsreich und voller Geschichten! Abseits der Radrouten finden sich spannende Pfade für neugierige Wanderer – unter anderem auf dem sandigen und teilweise steilen Untergrund des Heronger Buschbergs. Ein gutes Terrain für ausgiebige Erkundungstouren!

Tipp

Fietsallee am Nordkanal

Die 103 km lange Themenroute folgt dem von Napoleon geplanten Nordkanal von Neuss bis ins niederländische Nederweert. Neben der landschaftlichen Schönheit bietet sie spannende Infos am Wegrand. Der Bereich am Durchbruchstal der Nette in der Nähe der Flootsmühle wird dabei wegen seines verwunschenen, sumpfigen Kanalbetts auch als „Amazonas-Abschnitt" bezeichnet.
www.nordkanal.net

Die Nette

In der Nähe

Naturschutzhof Nettetal und Landschaftshof Baerlo

Der von der NABU unterhaltene Naturschutzhof und der Landschaftshof der Arbeitsgemeinschaft Biotopschutz im Kreis Viersen e. V. bieten ihren Besuchern zu den Öffnungszeiten spannende Außengelände und Dauerausstellungen zum Thema Naturschutz und Lebensräume.
www.naturschutzhof-nettetal.de
www.landschaftshof-baerlo.de

Spaß auf den Trittsteinen am Teich

Es war einmal eine Landesgartenschau ... Für die gartenbauliche Ausstellung 1970 in Grefrath wurde ein 26 Hektar großes, landwirtschaftlich genutztes Sumpfgebiet aufwändig trockengelegt. Es entstand ein weitläufiger englischer Garten mit Rasenflächen, Gehölzgruppen und Mustergärten sowie besonderen Akzenten wie einem im aztekischen Stil gestalteten Innenhof mit einer wasserspeienden Maske an der Wand. Es handelte sich um das insgesamt dritte Großereignis dieser Art und das bis dahin größte in Nordrhein-Westfalen. An neun Tagen im September strömten mehr als 300.000 Besucher und Besucherinnen nach Grefrath.

Anreise Pkw/Parkplatz:

Parkplatz am Freibad Dorenburg, Am Freilichtmuseum 2, 47929 Grefrath (GPS 51°20‘47.07“N, 6°20‘27.68“E)

Anreise ÖPNV:

Buslinien 019 und 062, Haltestelle „Grefrath Eissportzentrum“

www.grefrath.de

Totholzpolter

Relikte dieser „guten alten Zeiten“ finden sich noch an verschiedenen Ecken – allen voran dient der denkmalgeschützte ehemalige Aussichtsturm nach wie vor als Blickfang zwischen floraler und landschaftsgärtnerischer Pracht. Gleich nebenan führen Trittsteine durch eine Teichanlage auf einen abenteuerlichen Erkundungsgang zu einer geheimnisvollen, mit Schilf und Sträuchern bewachsenen Insel. Doch der Park wirkt frisch und bunt mit einem weitläufigen, phantasievoll und modern gestalteten Abenteuerspielplatz, einem Barfußpfad, Stauden- und Rosengärten, Blumenschmuck und Blühflächen. Neben den klassischen Insektenhotels und Nistkästen für Vögel und Fledermäuse bietet auch ein Totholzpolter Käfern, Insekten und anderen Tieren zusätzliche Lebensräume. In die Jahre gekommene Elemente wie die Wassertretanlage und die Vogelvoliere (mit Sittichen, Kanarienvögeln und Zebrafinken) werden liebevoll erneuert. Ein Kräutergarten zum Selberpflücken lädt mit passenden Rezepten zum Ausprobieren ein. Besondere Action wird gleich im Anschluss an den Pausenhof des benachbarten Schulzentrums geboten: Eine anspruchsvolle Parkour-Anlage ermutigt dazu, die eigene Kraft und Geschicklichkeit zu erproben. Der weich federnde Untergrund macht dem Namen des Parks dabei alle Ehre. Bei allem Erleben und Bewegen bleibt auch reichlich Raum zum Ausruhen, Entspannen und Genießen – eine Wohltat für Leib und Seele.

Tipp

Dirtbahn in Vinkrath

700 m entfernt befindet sich direkt an der Floeth in der Nachbarschaft eines Bolzplatzes eine frei zugängliche Dirtbahn für Mountainbikes, BMX und Rollsportgeräte.

Standort: In der Floeth 12a, 47929 Grefrath-Vinkrath

In der Nähe

Ruine der Burg Uda

Im Grefrather Ortsteil Oedt befinden sich in einer frei zugänglichen kleinen Parkanlage die Überreste der mittelalterlichen Burg Uda, die um 1300 erbaut wurde. Im Turm kann zu den Öffnungszeiten eine Ausstellung zur Geschichte der Burg, der Ortschaft und des Niersverbandes besichtigt werden.

www.heimatverein-oedt.de
www.landschaftshof-baerlo.de

Idyllische Parkanlagen

Auge in Auge mit Herrn Hirsch

Grüne Aussichten am Hülser Berg

Einst schob ein Riese eine Schubkarre voll Sand und Lehm, als er plötzlich über einen Urwald stolperte. Das Gefährt kippte und der Inhalt formte einen Hügel: den Hülser Berg. Stellte man sich das Ganze als Animation im Zeitraffer vor, so fielen nun Bäume, ein Aussichtsturm, Dam-, Rot- und Schwarzwild sowie etliche Spielgeräte vom Himmel und fertig wäre das Ausflugsparadies.

Ein Geheimtipp ist die 63 m hohe Erhebung am linken Niederrhein, die wie so viele ihrer Nachbarn vor 150.000 Jahren als Überrest einer eiszeitlichen Endmoräne entstand, wahrhaftig nicht. Doch auch wenn bereits die heutige Eltern- und Großelterngeneration dort schöne Tage verbracht hat, so bietet das Areal nach wie vor den perfekten Rahmen für einen entspannten Ausflug ins Grüne.

Anreise Pkw/Parkplatz:
Wanderparkplatz an der Hülser Bergschänke, Rennstieg 1, 47802 Krefeld (GPS 51°23'19.08"N, 6°32'10.78"E)

Anreise ÖPNV:
Buslinie 060, Haltestelle „Krefeld, Hülser Berg" oder „Molenaarstraße"

www.kbk-krefeld.de/forst
kultur-in-krefeld.de/huelser-berg

Der Johannesturm

Ein Hauch von Nostalgie weht über den großen Waldspielplatz an der Hülser Bergschänke. Einige der bunten Spielgeräte auf der Waldlichtung erinnern an längst vergangene Zeiten und machen gerade deshalb besonders viel Freude – so wie die Schaukel, die es in dieser Höhe heute nur noch selten gibt, das Federwippgerät oder die Seilbahn. Von hier sind es nur wenige Meter Fußweg zum Johannesturm, der seit 1973 über den Berg wacht. Wer hier keine Höhenangst bekommt, ist mit allen Wassern gewaschen. Vollkommen aus Stahl und Gittern geschaffen, schraubt sich die Konstruktion über 163 Stufen 30 m in die Höhe und schenkt einen weiten Blick über den Berg, die ihm zu Füßen liegende Bruchlandschaft, benachbarte Anhöhen und die umliegenden Ortschaften bis in weit entfernte Ecken des Niederrheins.

Wildgehege

Zurück am Boden führt ein 3 km langer Waldlehrpfad mit alten und neuen Informationsschildern zu allen wichtigen Punkten. „Schlaue Bänke" vermitteln ebenfalls Wissen, beispielsweise, dass hier in der Vergangenheit die Pottbäcker nach Ton gruben. Bei genauem Hinschauen sind die Vertiefungen im Untergrund noch zu erkennen. Vorbei an Bodendenkmälern – hier befand sich einst ein Keltenlager – führt der Weg zu den Schwarz-, Dam- und Rotwildgehegen. Die Tiere sind an Besuch gewöhnt: Sie kommen interessiert zum Zaun und präsentieren sich in malerischem Ambiente in all ihrer Schönheit.

Hoch hinaus: der Johannesturm

Eremitenquelle

Mitten im lichten Mischwald wird es plötzlich mystisch und still: Eine Bank unter Zedern, eine gemauerte Einfassung und eine abwärts führende Treppe wecken Aufmerksamkeit und Neugier. Die hier entspringende Eremitenquelle ist oftmals trocken. Sie wurde 1904 in der heutigen Form eingefasst. Der Überlieferung nach lebte hier vor 1805 ein Einsiedler, der viele Menschen heilte und unter einer Eiche begraben liegt. Eher ins Reich der Sagen gehört die Geschichte eines Ritters, der wegen des Mordes an seiner Frau innerhalb von 33 Jahren mit seinen eigenen Händen eine Quelle graben musste, um nicht dem Teufel geweiht zu sein. Tatsächlich ist dies nicht der einzige Ort, an dem auf dem Hülser Berg besonderer Menschen gedacht wird: Neben einem Gedenkstein für den Stifter des Johannesturms befindet sich gleich neben dem Spielplatz ein Denkmal für den Begründer des Krefelder Wanderbundes. So viel Geschichte findet sich hier, von den Spuren menschlicher Besiedelung während der Eisen- und Steinzeit bis hin zu dem friedlichen Nebeneinander von vergilbten Schildern zum Thema Forstwirtschaft und modernen Infotafeln über die Folgen menschlicher Eingriffe in das Ökosystem Wald. Zugleich ist das ganze Areal in seiner Waldidylle wie geschaffen dafür, den Tag zu genießen: beim Spielen und Toben, bei der Begegnung mit dem zutraulichen Wild oder auch einfach für ein Picknick im Grünen.

Blick vom Johannesturm auf Hüls

Eremitenquelle

Mit Muskelkraft über den Fluss

Abenteuer an der Niers

Hier ist Einsatz gefragt: In der Mitte spürt man die Strömung.

Unweit der Mündung der Nette in die Niers bei Wachtendonk befindet sich eine besonders spannende Attraktion: die Niersfähre AiWA (Amtsdeutsch für „Anlage im Wasser“)! Mit eigener Muskelkraft kurbeln sich Wanderer, Radfahrer und Abenteuerlustige auf einer Plattform über den Fluss. Dabei befindet sich nicht nur an jedem Ufer, sondern auch auf der Fähre selbst eine Kurbel.

Es dauert – je nach Kraft und Kondition der beteiligten Personen – eine Weile, bis die Fähre entlang der gespannten Seile die Niers überquert hat. Dabei muss es auch noch gerecht zugehen, denn besonders, wenn Kinder dabei sind, möchte jeder einmal das Rad drehen.

Anreise Pkw/Parkplatz:
Parkplatz Friedensplatz, Friedensplatz 11-3,
47669 Wachtendonk (ab hier ca. 1 km flussabwärts
bis zur Fähre, GPS 51°24‘32.05“N, 6°20‘14.47“E)

Anreise ÖPNV:
Buslinien 34, 063, SB42,
Haltestelle „Wachtendonk Friedensplatz“

Standort Niersfähre:
ca. 600 m nördlich von Wachtendonk
(GPS 51°24‘48.55“N, 6°19‘31.75“E)

www.wachtendonk.de

Am Ufer der Niers gibt es einen schönen Rad- und Wanderweg.

Kommt dann noch ein Boot vorbei, kann es richtig aufregend, aber auch nett und gesellig werden. Denn hier auf der Niers genießt man die Freizeit, da hat jeder gute Laune. Am Ufer lädt ein idyllischer Ort dazu ein, zu verweilen, dem bunten Treiben zuzuschauen und vielleicht auch ein Picknick zu veranstalten – unter einem großen alten Baum steht eine Bank mit Blick auf das Wasser. Betrieb ist hier genug: Bei schönem Wetter treffen laufend Ausflügler, Wanderer oder Radfahrer hier ein, um mit der Fähre überzusetzen.

Nette trifft Niers

Nur ein paar Schritte entfernt mündet die Nette in die Niers. Hier befindet sich auch der „Wasser.Blick 01" des Naturparks Schwalm-Nette, an dem über eine Telefonnummer oder per QR-Code interessante Informationen abgerufen werden können. So liegt in der Nähe dieser Stelle ein von einem Graben umgebener Hügel, in dem ein steinernes Opfermesser gefunden wurde, das vermutlich von den Menapiern stammt (einem keltisch-germanischen Volksstamm).

Tipp

Niersradweg und Nierspaddeln

Die Niers wird über die gesamte Länge vom Niers-Radwanderweg begleitet. Zwischen Kevelaer und Goch folgt auch der Jakobsweg ihrem Lauf. Bis auf das Quellgebiet ist sie mit Kajaks, Kanus und Schlauchbooten befahrbar. Aufgrund der recht langsamen Fließgeschwindigkeit von nur 2 km/h ist hier Paddeln angesagt.

An folgenden Stationen ist ein Ein- oder Ausstieg möglich:

Wachtendonk, Moorenstraße, 47669 Wachtendonk

Pont, Möhlendyk, 47608 Geldern-Pont

Geldern, Am Goltenhof, 47608 Geldern

Wetten (Umtragestelle flussaufwärts), Hauptstraße, 47625 Kevelaer-Wetten

Kevelaer, Rheinstraße, 47623 Kevelaer

Schloss Wissen (Umtragestelle flussaufwärts), Kervenheimer Straße, 47652 Weeze

Weeze, Wasserstraße 50, 47652 Weeze

Kalbecker Forst (WC, Gastronomie, Fähre bei „Jan an de Fähr“), Höst-Vornicker-Weg, 47652 Weeze (GPS 51°40‘1.38“N, 6°11‘49.79“E)

Goch (WC, Gastronomie, Stadtpark), Mühlenstraße, 47574 Goch

Kessel (WC, Gastronomie), Bogenstraße, 47574 Goch-Kessel

www.niers-radwanderweg.de

In der Nähe

Burgruine Wachtendonk

Ein großes Abenteuer für große und kleine Leute ist ein Besuch der Burgruine Wachtendonk. Frei zugänglich liegen die Grundmauer- und Turmreste in einem Waldstück gleich an der Niers. Der Stumpf des Bergfrieds an der Südwestseite und der südöstlich anschließende Wohnbau sowie eine Ringmauer im Norden bilden den ältesten Teil. Vermutlich gab es auch einen Wehrgang. Hier liegt die Keimzelle der Stadt, die bereits 1252/57 als befestigte Siedlung erwähnt wurde. Doch nicht immer ging es an diesem idyllischen Ort friedlich zu: 1588 wurde die Burganlage von den Spaniern drei Monate lang belagert, beschossen und zerstört.

Am Rande des Parks befindet sich vor einer mietbaren Grillhütte ein Picknickplatz. Hier zu sitzen, sich die Burg in vergangenen Zeiten vorzustellen und dabei den Geräuschen des Waldes zu lauschen, macht einfach nur Freude.

Verträumt: die Nettemündung

Abenteuer an der „grünen Grenze“

Schmugglerpfad Straelen

Pappfiguren erinnern an die Schmuggler in alten Zeiten.

Wo früher die Gefahr lauerte, ertönt heute Kinderlachen. Erst 1815 führte plötzlich eine genau festgelegte Landesgrenze entlang des Scheidgrabens bei Kastanienburg zwischen dem deutschen Straelen und dem niederländischen Velden. Bereits wenige Jahre später waren die Preisunterschiede für verschiedene Güter zwischen beiden Ländern so hoch, dass entlang dieser „grünen Grenze" ein schwunghafter illegaler Handel mit diesen Waren entstand. Kühe wurden geschwärzt und des Nachts über die Grenze getrieben, Kaffee, Tabak und alkoholische Getränke gelangten auf den phantasievollsten Wegen von einer Seite des Grabens auf die andere. Auch 1938 galt dieser Punkt als Schlupfloch für jüdische Menschen vor dem Nationalsozialismus. Von all dem erzählen die Informationstafeln am Weg. Für Familien mit Kindern bedeutet der niederländisch-deutsche Schmugglerpfad vor allem eines: Spaß auf einfachste Weise mitten in der Natur.

Anreise Pkw/Parkplatz:
Wanderparkplatz am Bauerncafé Jacobs, Grenzweg 35, 47638 Straelen (GPS 51° 26'3.49"N, 6° 12'54.18"E)

Anreise ÖPNV:
Buslinien SL62 und SL68, Haltestelle „Straelen Grenzweg"

www.straelen.de
www.bauerncafe-jacobs.de
www.jagersrustvelden.nl/de

Ein Paradies für Kinder

Es geht über Stock und Stein, Brücken und Plankenwege, quer durch den Wald, über Wiesen, am Graben entlang und auf idyllische Waldlichtungen. Dabei überquert der 3 km lange Pfad gleich zweimal die Grenze. An 27 Punkten gibt es spannende Spielstationen für kleine und große Besucher: Wigwam-Bauplätze, Insektenwiesen, Hexenpfähle, Trollenschritte, ein Baumpfad oder auch eine Trittstein-Strecke durch flaches Wasser wollen erobert werden. Ein Kletterbaum, Kletternetze, eine Baumhütte und ein Schmugglerversteck in der Erde warten nur darauf, von quirligen Kindern zum Spielen, Klettern und Toben genutzt zu werden. Unmittelbar an der Grenze geben Ferngläser und Pappfiguren von Schmugglern und Gesetzeshütern ein Gefühl dafür, wie sich das Leben vor Ort in der Vergangenheit angefühlt haben muss. Dem Rollenspiel sind keine Grenzen gesetzt!

Tipp

Rätselspaß

Der westliche Teilbereich auf der niederländischen Seite ist barrierefrei zugänglich.

Am Bauerncafé Jacobs und am Pannenkoekenhuis Jagersrust – beide quasi gegenüber auf entgegengesetzten Seiten des Schlagbaums gelegen – erhalten Familien eine Übersichtskarte des Schmugglerpfads. Für 1 € ist dort auch ein Fragebogen erhältlich, mit dessen Hilfe große und kleine Kinder auf eine spannende Schnitzeljagd gehen können. Für die ausgefüllten Bögen gibt es einen Briefkasten, und mit etwas Glück bekommen die Ratefüchse sogar eine Urkunde.

Abenteuerliche Wege
über die Grenze

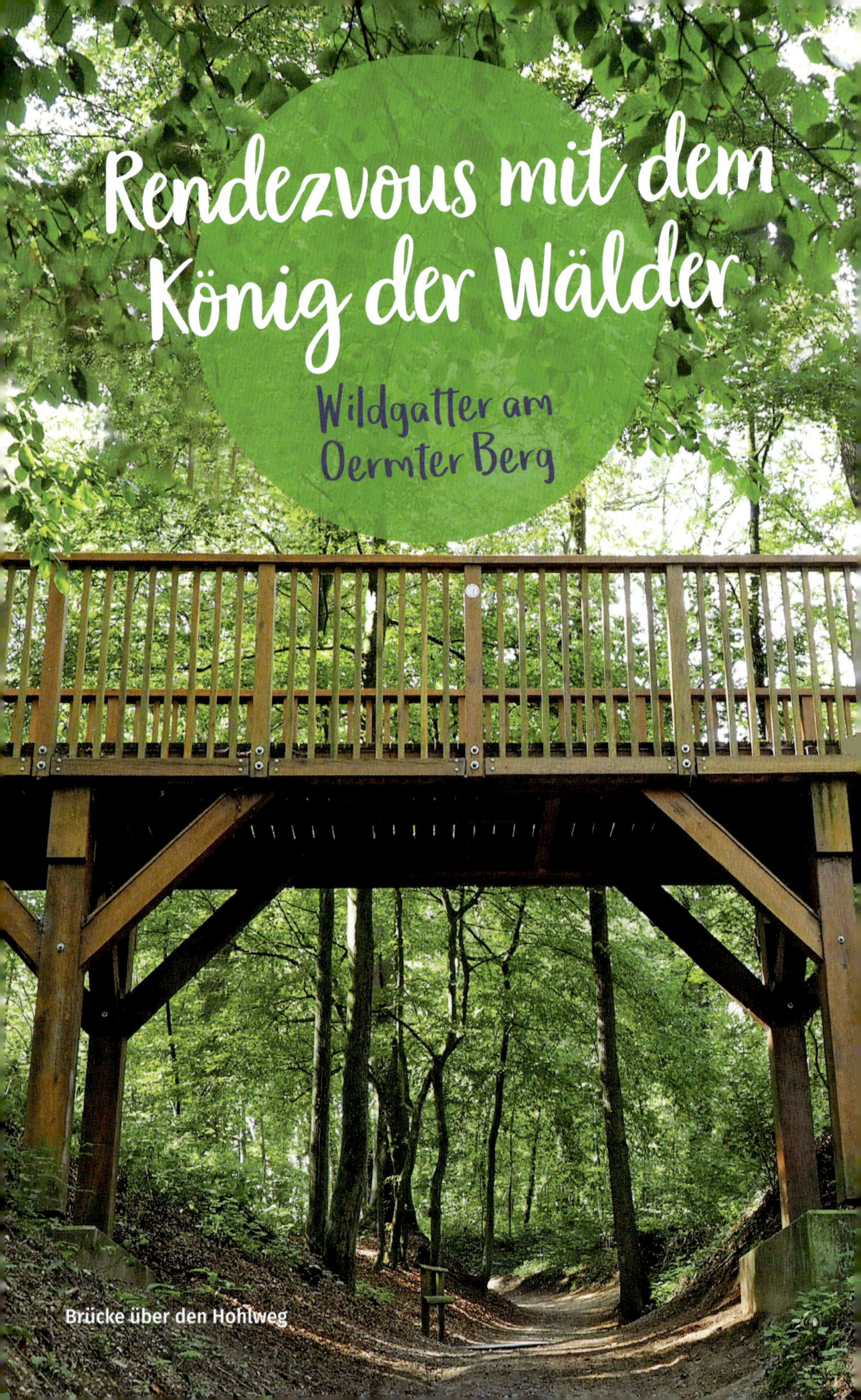

Brücke über den Hohlweg

Das Rotwild äst friedlich zwischen den Bäumen. Plötzlich hebt der Hirsch den Kopf, stößt einen Ruf aus, und es kommt Bewegung in das Rudel. Das männliche Tier treibt seine Damenmannschaft zusammen. Was ist geschehen? Diese Lebewesen haben feine Sinne und haben es schon früh wahrgenommen: Menschen nähern sich – „Kundschaft" ist da!

Das Wildgehege auf dem Oermter Berg geizt nicht mit Bänken an schön gelegenen, exponierten Positionen. So erhalten Besucher die Möglichkeit, ganz in Ruhe die vor Ort in den Wildgattern lebenden Tiere zu beobachten: Das Rotwild mit den tiefen Stimmen und dem ausgeprägten Rudelverhalten, das Damwild mit den deutlich helleren Rufen und einem weißen Hirschen und das als Wildschaf aufgrund der Größe dennoch an Ziegen erinnernde Muffelwild.

Anreise Pkw/Parkplatz:
Wanderparkplatz Oermter Berg, Rheurdter Straße 114A, 47509 Rheurdt (GPS 51°28'56.88"N, 6°28'13.59"E)

Anreise ÖPNV:
Buslinien 31, 077, Haltestelle „Oermterberg, Rheurdt"

www.oermter-berg.de

Während dieser Betrachtung bieten sich durchaus Überlegungen an, was wir Menschen mit diesen scheuen, anmutigen Persönlichkeiten gemeinsam haben. Der Rothirsch, der seine Hirschkühe treibt, erinnert durchaus an den einen oder anderen Vorgesetzten. Besonders interessant ist der Besuch der Wildgehege im Herbst während der Brunftzeit.

Spiel und Abenteuer

Nicht nur die Tiere gestalten das waldige Gelände auf dem Höhenzug spannend. Es gibt viel zu sehen: ein Rhododendron-Tal, der höchste Punkt oder auch eine natürliche Quelle. An jeder Ecke finden sich Möglichkeiten zum Spielen und für Aktivitäten: ein Barfußpfad unten im Tal, ein Trimm-dich-Pfad, ein Naturlehrpfad an verschiedenen Abschnitten der Wegführung, die weitläufige Spiel- und Picknickwiese mit Grillplatz und Toilette auf der Höhe im Westen, wo sich auch eine Matschanlage befindet sowie das mäch-

Wer beobachtet hier wen?
Das Rotwild interessiert sich
sehr für seine Besucher!

Idyllischer Weg am Rotwildgehege

Lange Rutsche

tige Holzfort, das nahezu unendlichen Spielspaß bietet. Abenteuerlicher Höhepunkt der spielerischen Aktivitäten ist allerdings die endlos lange Rutsche am Fuße des Berges. Der Weg dort hinunter zum Lehmberg-Spielplatz führt über 130 Stufen, dann auf der anderen Seite wieder einige Meter bergauf, und schon lässt es sich vorzüglich über mehrere Kaskaden parallel zum Hang herunterrutschen! Auch der Gaumen kommt auf seine Kosten: Neben dem Naschgarten lockt eine Kastanienallee. Hier fallen den Besuchern die Früchte im Herbst regelrecht einfach vor die Füße, wenn nicht sogar in den Mund.

Waldidylle mit Brücke

Hier am Oermter Berg gibt es viele schöne Ecken – der Wald zeigt sich von seiner besten Seite, das Gelände ist spannend und abwechslungsreich. Etwas abgelegen befindet sich das Schönstattzentrum Oermter Marienberg mit einer kleinen Kapelle als Ort der Besinnung, einer Gedenkstätte für Karl-Leisner, einem Kreuzweg durch ein bezauberndes Wäldchen und einer uralten Buche, unter der Bänke kreisförmig angeordnet sind. Ein guter, ruhiger Ort voller Spiritualität. Vom Waldrand aus eröffnet sich ein weiter Blick über die Felder in die niederrheinische Landschaft hinein, aus der hier und da ein Kirchturm emporragt. Der Aufgang zum Wildgehege bietet ebenfalls einen prachtvollen Blickfang: eine charmante Holzbrücke über den Hohlweg durch den Wald – da geht wohl jedem das Herz auf, und der eine oder andere Wildfang sucht sogleich den Pfad hinauf.

Für kleines Geld

Naturkundliche Ausstellung in der Begegnungsstätte

Am Fuße des Oermter Berges befindet sich in der Bürgerbegegnungsstätte eine naturkundliche Ausstellung, die dienstags bis sonntags geöffnet ist. Für 1 € (Kinder 0,50 €, Familien 2 €) gibt es reichlich Infos mit hohem regionalem Bezug. Neben den Exponaten zu Wild und alten Jagdwerkzeugen finden sich in der Sammlung alte Gegenstände für die hauswirtschaftliche oder industrielle Nutzung (beispielsweise ein Drehbutterfass oder eine Kornfege), Informationen und Vergleichsmodelle zur regionalen Bodenbeschaffenheit und eine Schautafel zur naturräumlichen Gliederung des Kreises Kleve. So ist der Oermter Berg Teil des Schaephuysener Höhenzuges.

Allgegenwärtig:
die beiden Fördertürme

Als Ende 2012 die letzten Kumpel die Tore der Zeche Friedrich Heinrich für immer schlossen, entstand mitten in Kamp-Lintfort nach 100 Jahren Steinkohlebergbau ein Vakuum. Die Stadt selbst verdankt ihre Existenz der Entdeckung und Zuteilung großer Abbaugebiete im 19. Jahrhundert: Seit 1912 die Förderung aufgenommen wurde, entstanden Arbeitersiedlungen im Umfeld des Bergwerks. Durch einen Zusammenschluss mehrerer Ortschaften in den 1930er Jahren entstand schließlich Kamp-Lintfort, das 20 Jahre später die Stadtrechte erhielt.

Die große Brachfläche im Herzen der Stadt wurde anlässlich der Landesgartenschau 2020 in eine grüne Oase verwandelt. Dabei blieben einige prägnante und denkmalgeschützte Bauten als Zeugen der Vergangenheit stehen – wie auch der 80 m hohe Förderturm der Schachtanlage 1 und das Strebengerüst von Schacht 2.

Anreise Pkw/Parkplatz:
Parkplatz Zechenpark, Friedrich-Heinrich-Allee,
47475 Kamp-Lintfort (GPS 51°29‘29.96“N, 6°32‘52.52“E)

Anreise ÖPNV:
Buslinien 2, SB10, Haltestelle „Kamp-Lintfort Friedr.-Heinrich“

www.kamp-lintfort.de

Große Goorley

Dieses Wahrzeichen der Stadt ist auch noch vom 12 km entfernten Aussichtsturm auf dem Hülser Berg deutlich zu erkennen. 1998 wurden hier noch 20.262 t verwertbare Steinkohle innerhalb von 24 Stunden gefördert und damit ein Weltrekord aufgestellt. Dies ist nun Vergangenheit.

Freizeitspaß im Zechenpark

Der entstandene Park mit Grünflächen und Hügeln, die sogar Namen tragen (Großer Fritz und Kleiner Fritz), bietet reichlich Freizeitmöglichkeiten: Neben einem Spielplatz mit Zechenthematik, grünen Wiesen, Alleen, Blumenbeeten und einem Weidendom wurden auch ein Forschergarten, das Green FabLab der Hochschule Rhein-Waal, ein (kostenpflichtiger) Tierpark sowie ein Bouleplatz, ein Biker- und Skatepark und eine Pumptrack- und Parkour-Anlage errichtet. Drei verschiedene Laufstrecken mit unterschiedlichem Schwierigkeitsgrad und ein Halt-dich-fit-Pfad sorgen für reichlich Möglichkeiten zur sportlichen Aktivierung. Am Rande des Geländes wurde das ursprünglich vorhandene Sumpf- und Quellgebiet der Großen Goorley renaturiert.

Tipp

Infozentrum Stadt und Bergbau

Am Rande des Zechenparks informiert im ehemaligen Pumpenhaus – während der Öffnungszeiten kostenlos zugänglich – eine Dauerausstellung über die Ursprünge der Stadt und des Bergbaus vor Ort und über deren Entwicklung bis heute. Besonders spannend sind dabei Hintergrundinformationen wie jene, dass beispielsweise linksrheinisch wesentlich größere Abbaufelder zugeteilt wurden als rechtsrheinisch, weil hier immer noch französisches Recht galt. Auch im Außenbereich gibt es reichlich Historisches zu sehen, zum Beispiel Grubenloks, eine Schlagkarre und zusätzliche Infotafeln. Das Infozentrum dient zugleich auch als Touristinformation.

Sonntags ist gegen Gebühr (4 €) eine Führung durch den Lehrstollen oder eine Fahrt auf die 66 m hohe Aussichtplattform des Förderturms möglich. Zudem kann – ebenfalls gegen Gebühr (2,50 €, Kinder 0,50 €) – in der Ebertstraße das „Haus des Bergmanns“ mit Bergmannsgarten besichtigt werden.

www.bergmannstradition.de

Wandelweg

Folgt man dem Verlauf des Gewässers, so gelangt man über einen auch mit dem Rad nutzbaren Wandelweg zum Kamper Gartenreich. Der Weg führt durch das Stephanswäldchen und vorbei an einem Mammutbaumwäldchen, das eine Vorstellung des Landschaftsbildes zur Karbon-Zeit (als die Steinkohle entstand) vermitteln soll. Schautafeln erläutern Wissenswertes am Wegrand. Interessante Punkte sind hier beispielsweise die Relikte der unvollendeten Fossa Eugeniana, des Kanals, der im 17. Jahrhundert Maas und Rhein miteinander verbinden sollte und im Bereich zwischen Rheinberg und Kamp Wasser führt, oder die Erinnerung an die 1925-1934 bestehende Badeanstalt „am Spiegel", für die die Fossa Eugeniana gestaut wurde, sodass ein Badesee entstand, dessen Form an einen altmodischen Spiegel erinnerte.

Mammutbaumwäldchen am Wandelweg

Kamper Gartenreich

Altehrwürdig und legendär bilden die Gartenanlagen des bereits 900 Jahre bestehenden Klosters Kamp den westlichen Abschluss der für die Landesgartenschau genutzten Grünanlagen. Besonders der barocke Terrassengarten am Hang unterhalb der Abteikirche mit seinen kleinen und großen Fontänen ist von überregionaler Bedeutung. Das geistliche und kulturelle Zentrum ist umrahmt von den verschiedenartigsten Gartenanlagen: Paradiesgärten, ein Kräutergarten, der Alte Garten mit Obstwiese und Bienenhaus, ein Weinberg, ein Spielplatz und auch die Ausgrabungen in den Orangerien und im Glashaus bieten bunte Abwechslung zum Sehen, Riechen und Anfassen – ein Ort der Erholung und Besinnung abseits des städtischen Treibens!

Blumenpracht
im Terrassengarten

Toben und Natur erleben

Waldspielplatz Bönninghardt & Erlebnispfad

Räuberhügel mit Kletterturm

Seit 50 Jahren bereitet der Spielplatz auf der idyllischen Waldlichtung nicht nur kleinen Leuten große Freude. Dabei erinnern nostalgische Spielgeräte zwar noch an die Anfänge vor langer Zeit, doch ergänzen fortlaufend neue, moderne Elemente die vielfältigen Möglichkeiten zum Spielen und Toben. So mutet der Räuberhügel mit Kletterturm und Röhrenrutsche an, als hausten kleine Wichtel darin. Das Piratenschiff inspiriert neben dem Klettern und Balancieren auch zu wilden Rollenspielen, und der 2021 eröffnete Walderlebnispfad lädt dazu ein, die Natur zu erkunden und die eigenen Fähigkeiten auszuprobieren.

Anreise Pkw/Parkplatz:
Parkplatz am Waldspielplatz, Bönninghardter Straße 116, 46519 Alpen (GPS 51°34‘42.75“N, 6°27‘48.61“E)

Anreise ÖPNV:
Buslinien 9, 37, 38, Bal,
Haltestelle „Alpen-Bönninghardt Schmiede“

www.waldspielplatz-boenninghardt.de
www.boenni-und-hardy.de

Spiel und Spaß auf dem Waldspielplatz

Durch den großen Torbogen betreten die großen und kleinen Besucher eine ganz eigene Welt in einem abgeschirmten kleinen Wäldchen voller Naturwunder und Aktivitäten an insgesamt sieben Stationen. Dabei gewährt ein Turm einen Überblick von oben, hohle Baumstämme sind wie geschaffen fürs Zielwerfen mit Kastanien oder Zapfen, und an der Station „Klänge im Wald" können auf dem Baum-Xylophon echte Melodien angestimmt werden. Auf einer Lichtung hat ein Wald-Klassenzimmer Platz gefunden, und Infotafeln geben Auskunft zu Nadel- und Laubbäumen, Spechten, Eichhörnchen und anderen Tieren im Wald. Doch „Wald ist mehr als Bäume" – so der Titel der 7. Station: Wenn die Abenteurer den Wald verlassen und zurück auf die Spielfläche gelangen, haben sie auch etwas über die anderen Pflanzen im Wald gelernt. Reichlich Picknickplätze und Bänke laden zum Verweilen ein, ein Kiosk bietet Verpflegung bis hin zum selbst gebackenen Kuchen, und auch bei den Toiletten gibt es nicht nur auch ein Behinderten-WC, sondern zudem extra Kinder-Klobrillen und eine Wickelgelegenheit. Bierzeltgarnituren und ein Grill können geliehen werden, sodass das fröhliche, naturnahe Rundum-Spiel-Erlebnis über viele Stunden von allen Generationen genossen werden kann. Natürlich darf Mitgebrachtes verzehrt werden, sodass Besucher sich hier auch einen ganzen Tag zum Nulltarif aufhalten können.

Tipp

Plaggenhütten und Besenbinderdenkmal

Die wechselvolle Geschichte der Bönninghardt wird bestimmt vom Schicksal der Pfälzer Flüchtlinge, die auf dem Weg nach Amerika hier strandeten und sich als Besenbinder niederließen. Da sie kein Holz schlagen durften, erbauten sie Hütten aus Heideplaggen (ausgestochene Stücke Oberboden). Die Nachbildung einer solchen Hütte befindet sich 500 m westlich des Waldspielplatzes. In entgegengesetzter Richtung, an der evangelischen Kirche, erinnert ein Besenbinderdenkmal an das Schicksal dieser Menschen.

www.plaggenhuette.de

Auf dem Walderlebnispfad
warten viele Entdeckungen.

In der Nähe

Obstlehrpfad und Streuobstwiese Ratsbongert

An der Von-Galen-Straße und dem Dahlackerweg im Süden von Alpen befindet sich auf einem 8.000 m² großen Areal zur B58 hin eine Streuobstwiese. 26 Sortentafeln informieren entlang des Obstlehrpfads über die Eigenschaften der jeweiligen alten Obstsorte, die so klangvolle Namen tragen wie „Rheinische Schafsnase" (Wirtschaftsapfel für Saft oder Apfelwein). Den Abschluss des Areals bildet ein phantasievoll angelegter Spielplatz, in dessen Zentrum die Burg Alpen steht. Ende September findet hier das jährliche Streuobstwiesenfest statt.

Wellness für Leib und Seele

Entspannung im Solegarten Kevelaer

Gradierwerk in Muschelform

Geheilt wird in Kevelaer schon lange! Bereits im 17. Jahrhundert wurde von Wunderheilungen bei Pilgern berichtet, deren Ziel das Marienbildnis in der Wallfahrtskirche war. Nun gibt es noch andere Wege, vor Ort die Gesundheit zu fördern: In den 1990er Jahren wurde eine unterirdische Solequelle entdeckt, die 2006 offiziell als Therme anerkannt wurde, und seit 2020 genießen Menschen von nah und fern die Vorzüge der örtlichen Heilquelle. Der entstandene Park erhielt infolge eines öffentlichen Wettbewerbs – nicht zuletzt wegen Kevelaers Lage am Jakobsweg – den Namen „Solegarten St. Jakob“.

Anreise Pkw/Parkplatz:

Parkplatz Solegarten St. Jakob, Twistedener Straße 120, 47623 Kevelaer (GPS 51°34‘38.71“N, 6°14‘16.21“E
Parkplatz Hülsparkstadion, Hüls 13, 47623 Kevelaer (GPS 51°34‘43.60“N, 6°14‘1.76“E)

Anreise ÖPNV:

Buslinie 73, Haltestelle „Kevelaer Solegarten St. Jakob“

www.kevelaer-marketing.de

Im Zentrum der Anlage steht das Gradierwerk aus Lärchenholz, dessen formale Gestaltung an eine Jakobsmuschel angelehnt ist. Rundum lockt ein paradiesischer Garten zu den unterschiedlichsten Aktivitäten, aber auch zu Spiritualität und Entspannung: Beim Atemweg ermutigen 12 Stationen die Besucher zu mehr Achtsamkeit und dazu, bewusst zu genießen, sich zu bewegen, aktiv die solehaltige Luft zu inhalieren und letztlich zu innerer Ruhe zu finden. Ein Rosenbogen führt auf den Weg durch den Bibelgarten. Am Wegrand wurden Areale geschaffen, die an die Wüste, das Paradies, das Schilfmeer, ein Senffeld oder auch das Osterfest erinnern sollen. Gleich nebenan vermittelt ein Barfußpfad mit vielfältigen Untergründen wie Tannenzapfen, Steinen, Holzbohlen, Sand oder Rindenmulch verschiedenartige sensorische Erfahrungen. Auch das

Tipp

Eine „SportBox" ermöglicht die kostenlose Ausleihe (per App über das Smartphone) von Trainingsmaterialien, um die Sportangebote im Solegarten wahrzunehmen.
www.kevelaer.de/de/inhalt/sportbox

Blick vom Atemweg auf das Gradierwerk

Eintauchen des warmen Körpers in kaltes Wasser ist ein Reiz, der Kreislauf und Immunsystem aktiviert. Kneippbäder sind sowohl im großen Becken für die Beine als auch separat nur für die Arme möglich.

Meeresbrise

Durch die Muschelform ist das Gradierwerk auch von innen begehbar. Bänke und Liegen regen dazu an, zu verweilen und die Luft zu genießen, die entsteht, wenn das jodhaltige Wasser aus der 500 m tief liegenden Quelle über Schwarzdorn-Reisigbündel aus 12 m Höhe nach unten rieselt. Durch die Verdunstung nimmt der Salzanteil gravierend zu. 2023 wurde zudem eine Vernebelungshalle errichtet, in der das Inhalieren der salzhaltigen Luft – ähnlich wie bei einem Aufenthalt am Meer – ganz einfach und gesundheitsfördernd erfolgt.

Im Inneren des Gradierwerks

Sport, Spiel und Spaß

Rundherum kommen Spiel und Spaß nicht zu kurz. Weite Wiesen und ein Beachvolleyballfeld bieten beste Voraussetzungen für Aktivitäten im Freien. Auf dem Mehrgenerationenspielplatz stehen Fitnessgeräte, ein integrativer Schaukelsitz und kindgerechte Möglichkeiten zum Klettern und Toben Seite an Seite, während gleich nebenan zwei Bouleplätze mit insgesamt vier Bahnen dazu ermutigen, in netter Gesellschaft die Kugel zu schwingen. Auf mehreren Vitalwanderwegen mit einer Länge von 2,7 bis 10,9 km kann auf angenehmste Weise die Kondition beim Wandern durch Kevelaer und Umgebung kontinuierlich gesteigert werden. In all dieser Vielfalt findet wohl jeder sein Körnchen Glück und Wohlbefinden.

Der Mehrgenerationenspielplatz bietet Bewegung für die ganze Familie.

In der Nähe

Spielplatzrouten Kevelaer

Auf Strecken zwischen 2,2 und 4,2 km Länge können Familien in verschiedenen Kevelaerer Ortsteilen die schönsten Spielplätze besuchen und sich dort austoben. Unterwegs gibt es noch interessante Punkte zu erkunden. An Hinweisen zu Sehenswürdigkeiten, Parks und kulinarischen Angeboten mangelt es nicht. Aktuell gibt es sechs vielfältige Routen in Kevelaer, Kervenheim, Winnekendonk, Wetten und Twisteden – weitere sind in Vorbereitung.

kevelaer-marketing.de/spielplatzrouten

Wegweiser am Naturerlebnispfad

Kinder und kleine Tiere zu beobachten ist einfach das Schönste! Darum befindet sich der Dreh- und Angelpunkt des Tierparks Weeze, der Streichelzoo, auch genau in der Mitte des Geländes, das so einiges in petto hat. In den Niers-Auen am Schloss Hertefeld vor den Toren der Stadt bieten Gehege, Stallungen und weite Wiesen über 50 verschiedenen Tierarten ein Zuhause. Über 300 Lebewesen, mal groß und mal klein, erfreuen die Herzen der zahlreichen Besucher.

Viele der Lebewesen stehen auf der Artenschutzliste zur Erhaltung alter und bedrohter Tierarten. Hier leben sie noch, die Poitou-Esel, Warzenenten und Bunten Bentheimer Schweine. Lamas, Alpakas, Ponys, Riesenmeerschweinchen und Kaninchen, Pfauen, Puten, Gänse und Tauben möchten bestaunt und bewundert werden, ebenso wie die zutraulichen Zwergziegen und Skudden im Streichelzoo.

Anreise Pkw/Parkplatz:
Parkplatz am Tierpark, Fährsteg, 47652 Weeze
(Parkgebühr 3-5 €, GPS 51°37‘51.00“N, 6°12‘8.34“E)

Anreise ÖPNV:
Regionalbahn RE10, Haltestelle „Weeze Bahnhof“
(ca. 1 km Fußweg) oder Buslinie BUE,
Haltestelle „Weeze, Tierpark“

www.tierparkweeze.de

Im Insektarium lassen sich unter anderen Gespenstschrecken, Achatschnecken und Rosenkäfer genau beobachten. Auch ein Naturschutzgarten und ein Wildbienenprojekt haben ihren Platz auf dem Gelände gefunden. Unter der Bundesstraße hindurch führt ein Naturerlebnispfad über Stock und Stein durch Feld, Wald und Flur und auch zu einer Scheune mit einem weiteren Spielplatz, einem Mäusehaus, Sundheimer und Helmperlhühnern, Bentheimer Landschafen und Vietnam-Sikahirschen.

Naturerlebnispfad

Acht Erlebnisstationen, zwei Infostationen und etliche Schautafeln am Wegrand ermöglichen vielfältige Erlebnisse. Mit allen Sinnen genießen ist auf den Träumerliegen angesagt, während der Waldbarfußpfad zwar auch die Sinneswahrnehmung schärft, aber der Genuss für die Fußsohlen weniger im Vordergrund steht. Bei den

Tipp

Spielplatz am Fährsteg

Gleich um die Ecke, am Niersufer und nur wenige Meter vom Tierpark entfernt, kombinieren ein weitläufiger Spielplatz mit Matschhang, Kletternetz und Burg, ein abwechslungsreicher Bewegungsparcours und Relax-Liegen am Ufer die Bedürfnisse verschiedener Generationen.

Standort: Fährpark am Fährsteg, Nähe Reisemobilstellplatz Weeze

Wildbienenprojekt

Klanghölzern mit verschiedenen Holzarten und dem Baumstammtelefon steht das Hörerlebnis im Mittelpunkt, bei Waldmikado, Waldrandparcours, Tierweitsprung und Zapfenzielweitwurf die Geschicklichkeit. Höhepunkt der Tour ist allerdings die alte Trafostation, die innen und außen mit viel Liebe gestaltet wurde und auf allen Ebenen zeigt, wie aus Industrieruinen Lebensräume für Wildtiere, Vögel und Insekten geschaffen werden.
Damit es auf keinen Fall langweilig wird, sind auch die Fragen an den Infostationen mit Humor und Raffinesse formuliert. Ein Beispiel: Frage: Was ist Grundwasser? Die Antwortmöglichkeiten: Das Wasser auf dem Meeresgrund, der letzte Schluck in der Wasserflasche oder Regenwasser, das durch die Erde sickert.
Da macht nicht nur das Bewegen Spaß, sondern auch das Lernen!

Geschicklichkeitstest auf dem Waldrandparcours

In der Nähe

Niersfähre bei „Jan an de Fähr“

Gleich neben dem beliebten traditionellen Ausflugslokal „Jan an de Fähr“ lädt eine Gierseilfähre dazu ein, mit Hilfe eigener Muskelkraft von einer Seite der Niers zur anderen überzusetzen. Dafür benötigt man jedoch zwei Personen, da die Kurbeln nur vom Ufer aus bedient werden können. Die Fähre gilt seit jeher als nette Unterbrechung jeder Niers-Radtour oder auch als großer Spaß für die ganze Familie.

Standort: Höst-Vornicker-Weg 9, 47652 Weeze

Phantastische Weitsicht auf der Höhe

Hoch hinaus auf dem Dürsberg

Wie ein Bündel Mikadostäbchen

Wie ein Bündel Mikadostäbchen thront der neue Aussichtsturm eindrucksvoll und zugleich einladend über den Baumwipfeln auf dem Sonsbecker Dürsberg. Nachdem sein Vorgänger wegen Baufälligkeit gesperrt und abgerissen werden musste, wurde seine Errichtung mit Spannung erwartet und jubelnd begrüßt. Nun bietet sich endlich wieder der weite Blick über den unteren Niederrhein, über die riesigen Waldflächen des Uedemer Hochwaldes, der Hees und der Sonsbecker Schweiz sowie auf die Ortschaft Sonsbeck und die Stadt Xanten mit ihrem majestätischen Dom. Auch das römische Amphitheater im Archäologischen Park ist von hier aus deutlich zu erkennen.

Anreise Pkw/Parkplatz:

Parkplatz am Friedhof, Bögelscher Weg, 47665 Sonsbeck
(ab hier ca. 1 km Fußweg, GPS 51°37‘2.64“N, 6°22‘42.23“E)
Parkplatz L 480, Einmündung „Bergrücken“
(ab hier ca. 900 m Fußweg, GPS 51°37‘39.13“N, 6°23‘42.55“E)

Anreise ÖPNV:

Buslinie 36, Haltestelle „Bergrücken“ oder „Gerebernushaus“

www.sonsbeck.de

Hier zeigt sich die ganze Weite des Niederrheins: Blick auf Xanten

Um diesen Anblick genießen zu können, ist ein schweißtreibender Aufstieg nötig. Gut 150 Stufen führen auf die 26 m hohe Konstruktion aus Holz und Stahl. Die Aussichtsplattform liegt damit auf etwa 100 m Höhe. Wieder unten angekommen, lockt ein Klimaerlebnispfad mit weiteren Entdeckungstouren – begleitet von den Turmfalken Soni und Becki, die den Menschen ihren Lebensraum erklären. So erfahren große und kleine Leute in dem idyllischen kleinen Waldstück auf Holztafeln und Drehklötzen, wie neuer Wald entsteht, auf welche Weise der Wald sich auf das Klima auswirkt oder – am magisch anmutenden Steinkreis – wie das vor Ort vorkommende Gestein hierhergelangte und woran man es erkennt. Dabei werden die Besucher dazu angeregt, ihre Umgebung mit allen Sinnen wahrzunehmen. Am Beispiel eines Stückes aus einem dicken Stamm wird verdeutlicht, wie viel Kohlenstoff bereits durch einen einzigen Baum gebunden wird – all dies ganz deutlich zum Sehen, Anfassen und Mitdenken.

Georoute

Doch das ist noch nicht alles: Entlang des Bögelschen Wegs erläutern die sechs Infotafeln der Georoute und ein Findlingsweg die Entstehung der Sonsbecker Schweiz und des Dürsberges als eiszeitliche Strauchmoräne durch Vergletscherung, Inlandeis und Klimaveränderungen. Dabei kann der ahnungslose Wanderer auch einen eindrucksvollen Blick in die Schichten auf den letzten 700 m unterhalb der Erdoberfläche in Sonsbeck werfen – und damit auch den Erdzeitaltern rückwärts nach unten folgen. Hier finden sich Flussablagerungen aus Sand und Kies, Meeresablagerungen aus Sand und Ton mit Muschelresten, unterhalb dieser Schicht wieder Wüsten- und Flussablagerungen, dieses Mal aus Buntsandstein, darunter Eindampfungsgesteine und Steinsalze und wiederum eine Station tiefer Ablagerungen aus Seen, Meeren und Flüssen mit eingelagerten Steinkohleflözen aus dem Karbon. All diese Gesteine sind durch ein Schaufenster sichtbar in einer Stele aufgeschichtet und ablesbar. So spannend sieht es direkt unter unseren Füßen aus!

Start des Klimaerlebnispfades

In der Nähe

Spielplatz an der Parkstraße

Im Westen Sonsbecks bietet der Abenteuerspielplatz an der Parkstraße weit mehr als nur einfache Spielgelegenheiten. Auf dem hügeligen, weitläufigen Gelände finden sich nicht nur die klassischen Spielgeräte, sondern auch eine Rutsche, die die Hanglage nutzt, ein Sandkasten mit Seilzügen, ein Bolzplatz und ein Skatepark mit einer großen Bowl, mehreren (Flat-)Rails und Curbs auf einer Gesamtfläche von 670 m². Das Spiel- und Sportareal wird laufend – auch im Hinblick auf Barrierefreiheit und Inklusion – erneuert und aufgewertet.

Luftkurort mit Herz

Abwechslungsreiches Xanten

Die Xantener Silhouette am Ostwall

Welche Stadt vereint in ihrer reichen, weit zurückreichenden Geschichte und Sagenwelt schon einen Märtyrer, einen Drachentöter, ein römisches Legionslager und eine römische Großstadt? Und beginnt dann noch mit einem Buchstaben, den keine andere deutsche Ortschaft trägt? Sicherlich gibt es auf all diese Fragen nur eine Antwort: Xanten. Und als sei das nicht genug, erfolgte 2014 die Anerkennung als Luftkurort! Seitdem ist viel geschehen, und mittlerweile ist die historische Innenstadt regelrecht umzingelt von Kneippbecken, gesundheitsfördernden Anlagen, Sport- und Aktivierungsbereichen und Sinnesgärten – hat doch all dies im Grüngürtel der ehemaligen Wallanlagen vor der Stadtmauer und rund um die Xantener Nord- und Südsee Platz gefunden.

Anreise Pkw/Parkplatz:
Parkplätze am Varusring, Rheinberger Straße,
46509 Xanten (GPS 51°39'53.78"N, 6°27'16.74"E)

Anreise ÖPNV:
RB31, Haltestelle „Xanten Bahnhof", Buslinie SL42,
Haltestelle „Xanten, Archäologischer Park"

www.xanten.de
www.f-z-x.de/gesundheitstourismus/kneipp-gesundheitssäulen

Ein märchenhafter Anblick: Mühle und Drache am Nordwall

Stattliches Sinnbild dieser Entwicklung ist das Gradierwerk am Westwall. Auf rund um den Bau verteilten Bänken lässt sich die vernebelte Sole bewusst einatmen, begleitet vom entspannenden Plätschern des permanent rieselnden Wassers. Im unmittelbaren Umfeld befinden sich auch eine Kneippanlage mit Wassertretbecken und Armbad, ein Sinnespfad mit Barfuß-Stationen, der malerische Rosengarten, Spiel- und Bewegungsflächen, ein Steinkreis, Relax-Liegen und Bänke und sogar eine Tanzfläche. Hoch über all dem thronen der weithin sichtbare Dom und das romantisch anmutende Webertürmchen in der Stadtmauer. Auf dem Weg zum Bibelgarten ganz im Süden bietet ein Spielplatz noch etwas Abwechslung

Tipp

LVR-Archäologischer Park Xanten

Am 1. Montag eines Monats ist der Eintritt in Park und Museum kostenlos. An allen anderen Tagen zahlen Erwachsene hier zwar 9 € Eintritt, Kinder und Jugendliche, LVR-Leistungsempfänger und Geflüchtete haben jedoch freien Eintritt.

www.apx.lvr.de

für Kinder, bevor der abgeschlossene, wie ein Innenhof gestaltete Garten mit seinen biblischen Pflanzen (Feigenbaum, Judasbaum, Granatapfel und viele mehr) und der Statue der Heiligen Helena zum Durchatmen einlädt. Wichtige Denkanstöße gibt auch der Erinnerungsbaum mit seinen Schnitzereien – ein berührender Ort für ganz persönliche Emotionen und Überlegungen.

Aktivität, Spielspaß und Bewegung

Der Nordwall bildet den perfekten Übergang zum Ostwall, der zu reichlich Aktivität und Bewegung anregt. Im Schatten der Kriemhildmühle verlockt der aus Mosaiksteinen gefertigte Drache dazu, auf ihm herumzuklettern, zu toben oder einfach der Nibelungensage zu gedenken. Weite Wiesen, Bänke und die Pergola am Stadtbalkon schaffen reichlich Gelegenheit zum Ausruhen, Picknicken und Lagern. Vor der majestätischen Silhouette Xantens lassen dann

Für kleines Geld

Kriemhildmühle

In der Kriemhildmühle am Nordwall, die zugleich Teil der Stadtmauer ist, wird täglich frisches Brot gebacken und verkauft. Die Mühle kann für 1 € (Kinder 0,50 €) bestiegen und besichtigt werden. Von der Aussichtsplattform eröffnet sich eine spannende Aussicht auf die Wallanlagen, das Klever Tor und die historische Innenstadt.

www.kriemhild-muehle.de

Sportlich, sportlich: Bewegungsparcours am Ostwall

der Spielplatz mit seinen abenteuerlichen, etwas windschief scheinenden Holzbauten und die Schmetterlingswiese vor allem Kinderherzen höherschlagen. Ein moderner Skatepark sorgt für reichlich Action. Erwachsene aktivieren derweil auf dem Bewegungsparcours mit Springfeld, Balancierstrecke, Hängebrücke und diversen Trainingsgeräten Koordination, Kraft und Ausdauer und mobilisieren mit vielfältigen Übungsserien wichtige Muskelgruppen.

Gesundheitsstationen im Grünen

Eine barrierefreie Strecke rund um das Wassersport-Revier Nord- und Südsee verbindet fünf Standorte mit Gesundheitsangeboten nach Kneipp: Wasseranwendung, Lebensordnung (menschliches Miteinander, Ort der Begegnung am Wasser), Heilpflanzen (Wassergarten an einem Steg), Ernährung (regionale Lebensmittel) und Be-

Im Bibelgarten

wegung am Wasser. Der Bewegungsparcours besteht aus verschiedenen Modulen wie Balancierstämmen, Trittpunkten, Wackelsteg, Kletternetz und einer Boulderwand. Hier wurde auch eine mit Rollstuhl zugängliche Aussichtsplattform über das Wasser integriert. An jeder Station befindet sich auch ein rollstuhlgerechtes WC.

Barrierefreiheit ist auch das Ziel der App „Xanten für Alle": Drei Audiotouren informieren über Sehenswürdigkeiten und die Angebote im Kurpark – neben der Standardversion auch für blinde und sehbehinderte Menschen und in einfacher Sprache. Ein guter Gedanke, der vor allem für eines sorgt: Lebensfreude und Genuss für alle!

Liebevoll gestaltet: der Spielplatz am Ostwall

In der Nähe

Amphitheater Birten

In den Jahren 12/13 v. Chr. bis 70 n. Chr. befand sich in der Nähe der heutigen Ortschaft Birten das römische Legionslager Vetera I mit einer zivilen Lagervorstadt. Seine schiere Existenz begründete den Bau der späteren Großstadt Colonia Ulpia Traiana, deren Relikte nördlich von Xanten als LVR-Archäologischer Park zu bewundern sind. Ein deutlich sichtbares Relikt dieser Zeiten und Teil des UNESCO-Welterbes Niedergermanischer Limes ist das Amphitheater am Fürstenberg, das damals 10.000 Personen fasste und als der Ort gilt, in dem der Heilige Viktor sein Martyrium erlitt. Heute ist es Spielstatt verschiedener Freilichtaufführungen und frei zugänglich.

Bislicher Insel

Bereits von der Bundesstraße aus lässt sich erahnen, um was für ein außergewöhnliches Gebiet es sich handelt – doch die wahre Schönheit zeigt sich von innen, vor allem für Vogel- und Naturfreunde: In diesem Naturschutzgebiet brüten Seeadler. Im friedlichen Nebeneinander von Mensch und Tier (man bleibt auf den Wegen und achtet die Lebensräume der Tiere!) lassen sich aus mehreren Aussichtskanzeln heraus Seeadler und Milan, Störche, Eisvögel und andere Naturwunder beobachten. Ein Eldorado nicht nur für Fotografen! Ein barrierefreier Fuß- und Radweg führt durch das frei zugängliche Gelände zu Beobachtungspunkten an Mulden und Seen. Der Eintritt in das NaturForum mit der Dauerausstellung AuenGeschichten ist zeitweise kostenlos. Vor der Tür befindet sich zudem eine Streuobstwiese und nebenan das beliebte Auencafé.

www.naturforum-bislicher-insel.de

Zu Besuch bei Wildschwein und Co.

Natur pur im Wildgehege Reichswalde

Freundliche Ziege

Die Klever Gartenkunst mit den historischen Parkanlagen wird über die Grenzen hinaus geachtet und gerühmt, und auch die Steinmännchen im Tiergartenwald als Ort der Freude und der Meditation sind bereits bekannter, als es ihnen wohltut. Im Schatten all dessen warten jedoch weitere frei und kostenlos zugängliche Orte darauf, entdeckt und liebgewonnen zu werden.

Anreise Pkw/Parkplatz:
Wildgehege Reichswalde: Wanderparkplatz am Wildgehege, Buchholz, 47533 Kleve-Reichswalde
(GPS 51°45'39.19"N, 6° 6'15.77"E)
Naturpark Kellen: Hoher Weg (bis zum Ende durchfahren), 47533 Kleve-Kellen (GPS 51°48'9.23"N, 6° 9'11.52"E)
Naturschutzgebiet Salmorth: Wanderparkplatz am Klärwerk Kleve, Salmorth, 47533 Kleve (GPS 51°50'14.49"N, 6°10'6.84"E)

Anreise ÖPNV:
Buslinie 50, Haltestelle „Kleve Buchholz“
Buslinie 50, Haltestelle „Kleve Bussardstraße“ oder
Buslinie SB58, Haltestelle „Kleve, Hoher Weg“
Buslinie 52, Haltestelle „Kleve Salmorth“

www.kleve.de

Eine Runde durch das Wildgehege Reichswalde bietet die vollkommene Symbiose aus Waldbaden und Besuch im Tiergarten – und das alles zum Nulltarif. Auf der gut 1 km langen Runde durch das Wäldchen wird der Kopf wieder frei, und eine Pause auf einer Bank, um den Ziegen und Schafen zuzusehen, sorgt für wohltuende Entspannung. Schilder am Gehege geben Auskunft über die Namen der Publikumslieblinge, während ein Barfußpfad und verschiedene Baumstämme und Hütten vor allem Kinder zu Aktivitäten anregen. Rund um das Schwarz- und Rotwild wird es stiller, doch gelingt es mit etwas Aufmerksamkeit immer, eines der Tiere auf dem Areal zu erkennen. Auch Bienen und Feldwachteln haben hier ein Zuhause. Auf Infotafeln werden spannende Fakten geliefert: Wie nennt der Waidmann bei Hirschen fachmännisch die männlichen, die weiblichen und die Jungtiere? Und wie verhalten sie sich untereinander? Rätsel am Wegrand stellen Klein und Groß vor weitere Herausforderungen: Welche Blätter gehören zu welchem Baum? Wie heißen die Insekten? Welcher Abdruck gehört zu welchem Tier? Noch schwieriger wird es, wenn es gilt, die unterschiedlichen Hirscharten anhand der Silhouetten zu benennen. Doch die Lösung ist nicht weit; so ist Lernen richtig spannend!

Waldidylle am Schwarzwildgehege

Tipp

Naturpark Kellen

In der Niederung, am Rande des Klever Ortsteils Kellen, wartet ein weiteres Kleinod auf seine Entdeckung. Aus dem Baggerloch „Rütterskull" hat sich im Laufe der Zeit eine kleine Naturoase entwickelt. Bänke laden zum Verweilen, während auf dem See, zwischen den Trauerweiden und in dem kleinen Wäldchen zahlreiche Vögel beobachtet werden können. Kinder können sich auf dem Spielplatz in Ruhe austoben. Das ganze Gebiet vermittelt das Gefühl, als scheine hier immer die Sonne. Der Informationskasten des Vereins, der sich seit fast 40 Jahren um den Park kümmert, gibt Auskunft: Eine Runde um den See ist genau 670 m lang. Das bedeutet, dass nach 63 Runden die Marathondistanz geschafft ist. Probieren kann man es ja mal ...

Im Ziegen- und Schafsgehege ist immer was los!

Für kleines Geld

Mühle Donsbrüggen

Jeden Samstag (von März bis Mitte November) wird hier gebacken – das schmackhafte Vollkornbrot ist so schnell ausverkauft, dass man am besten vorab ein Mühlenbrot reserviert. Die Besichtigung der Mühle ist während der Öffnungszeiten möglich und kostet 2 € für Erwachsene und 1 € für Kinder.

In der Nähe

Naturerlebnisbereich Salmorth

Lange Zeit konnte man den Rhein bei Salmorth nur erahnen, obwohl er so nah war, denn am Ufer befindet sich ein Naturschutzgebiet. Nun wurde der Abschnitt zwischen den Rheinkilometern 857,2 und 858,3 als Naturerlebnisbereich für Besucher freigegeben. Baden im Rhein ist hier nicht erlaubt und zudem auch viel zu gefährlich. Doch es öffnen sich faszinierende Welten: Sandstrände mit einzelnen Kieseln und Muscheln, bewachsen von Weiden und Schwarzpappeln, deren Wurzeln teilweise freigespült wurden, benetzt vom Wasser des Rheins und den Wellen, die vorbeifahrende Schiffe verursachen.

Das Ende des zugänglichen Bereiches markiert eine Skulptur aus Basaltlava, die sich Fraubillenkreuz nennt – in Anlehnung an einen der Überlieferung nach vom heiligen Willibrord als Kreuz umgearbeiteten Menhir in der Eifel. Das abstrakte Kunstwerk von Felix Droese und Christoph Wilmsen-Wiegmann nimmt Bezug auf das Wirken des Missionars am Niederrhein. Es befindet sich in einer Achse mit Landmarken wie Hochelten und dem Klever Amphitheater.

Hier verbindet sich alles, was Kleve und den Niederrhein ausmacht – niederrheinischer geht es nicht mehr.

Aussichtspunkt am Gagelhangmoor
am Fuße des Taubenbergs in Hinsbeck

Mitfahrbänke

„Daumen raus“ in modern und mit Methode: In etlichen Städten und Gemeinden wurden Mitfahrbänke etabliert. Anhand ausklappbarer Schilder können verschiedene Ziele als Signal an vorbeifahrende Autofahrer vermittelt werden. Mit etwas Geduld kommt man kostenlos, umweltschonend und nachhaltig ans Ziel und möglicherweise auch noch nett ins Gespräch.

Alpen: in Alpen, Menzelen-West und Menzelen-Ost
Bedburg-Hau: in Schneppenbaum (Klosterplatz, Nähe Sparkasse), Hau (Saalstraße, Nähe Bahnhof), Louisendorf (Hauptstraße, gegenüber dem Sportplatz) und Huisberden (Friedenstraße, gegenüber der Kirche)
Brüggen: Es gibt keine Mitfahrbänke, aber das „Bürgerauto Westkreis“, das in den Gemeinden Brüggen, Niederkrüchten und Schwalmtal auf Bestellung gegen eine geringe Gebühr (1-4 €) Menschen zuhause abholt und gezielt zu einem anderen Ort fährt.
Erkelenz: in Holzweiler
Isselburg: in Isselburg (gegenüber dem Rathaus)
Issum: in Sevelen (Dorfstraße) und Oermten (Rheurdter Straße)
Kaarst: in Büttgen (gegenüber dem S-Bahnhof an der Michaelstraße und am Rathausplatz)
Kerken: in Nieukerk (Ecke Friedenstraße/Krefelder Straße)
Neukirchen-Vluyn: in Vluyn mit Verbindung nach Rheurdt und Schaephuysen
Rees: insgesamt 16 Bänke in Rees (Ecke Dellstraße/Busbahnhof), Bienen, Empel, Esserden, Grietherbusch, Haffen, Haldern, Mehr, Millingen
Rheurdt: in Rheurdt und Schaephuysen mit Verbindung nach Vluyn
Schermbeck: am Rathaus Schermbeck und in Gahlen (Kirchstraße)
Voerde: in Friedrichsfeld und Spellen
Wachtendonk: in Wachtendonk und Wankum

Trinkwasserbrunnen

In den letzten Jahren wurden in vielen Städten und Gemeinden kostenlos nutzbare Trinkwasserbrunnen installiert, an denen sich Bürger und Gäste erfrischen, ihren Durst löschen und ihre Trinkflaschen auffüllen können.

Solche Brunnen finden Sie unter anderem hier:

Bedburg-Hau: Klosterplatz
Dinslaken-Hiesfeld: am Mühlenmuseum (Ecke Kirchstraße/Am Freibad)
Emmerich – geplant: Neumarkt, Rheinpromenade, Alter Markt, Geistmarkt, Elten (vor der Touristikinformation)
Erkelenz: auf dem Marktplatz (ab 2025)
Geldern: Markt
Grefrath: Marktplatz (mit Flaschenbefüllzugang hinten und Hundewasserschale unten)
Kevelaer: zwischen Kerzenkapelle und dem Forum Pax Christi (Kapellenplatz 11) und im Solegarten St. Jakob am Gradierwerk (Hüls 17)
Kleve: Große Straße (Nähe „Elsa-Brunnen“) und in der Kavarinerstraße (gegenüber „Kotters“)
Krefeld: im Stadtgarten, Ecke Südwall/Neusser Straße
Moers – geplant: Innenstadtbereich (Alt- oder Neumarkt), Repelen (Lintorfer Straße), Schwafheimer Einkaufszentrum, Kapellen (Hermann-Thelen-Platz)
Nettetal: Golfanlage Haus Bey
Wassenberg: in Planung
Xanten: auf dem Marktplatz (in der Nähe der öffentlichen Toiletten)

Achtung: Die meisten Brunnen werden in den Wintermonaten abgeschaltet, um Frostschäden zu vermeiden.

Öffentliche Toiletten

Kein Ausflug vergeht, ohne dass mal jemand „muss". Daher ist es so wichtig, über „stille Örtchen" in der Nähe Bescheid zu wissen. Einige Städte und Gemeinden haben bereits frei zugängliche Anlagen errichtet, bei anderen helfen Geschäfte und öffentliche Einrichtungen weiter. Zudem gibt es mehrere Apps und Internetseiten als Datenbank mit registrierten Toiletten, unter anderem www.gratispinkeln.de und www.die-nette-toilette.de.

Hier finden Sie am Niederrhein unter anderen öffentliche Toiletten:

Brüggen: während der Öffnungszeiten der Touristinfo im Innenhof der Burg Brüggen sowie an der Kirche in Born, barrierefreie Toilette (Euroschlüssel) im Rathaus Brüggen
Emmerich: zwischen Rathaus und Christuskirche (mit Behinderten-WC), Parkring schräg gegenüber RheinCenter (mit Behinderten-WC), an der Touristinformation Lindenallee 31 in Elten (mit Behinderten-WC), während der Öffnungszeiten in der Touristinformation Rheinpromenade 11 (mit Behinderten-WC) und während der Öffnungszeiten „Nette Toilette" in vielen Restaurants an der Rheinpromenade
Erkelenz: Markt, Konrad-Adenauer-Platz (Busbahnhof, Bahnhof), Zehnthofweg (Busbahnhof, ZOB) sowie während der Öffnungszeiten „Nette Toilette" in vielen Geschäften, Apotheken, Krankenhäusern, Praxen und Altenheimen
Grefrath: Nutzung der Toiletten im örtlichen Einzelhandel auf Anfrage möglich
Hünxe: Krudenburg
Kalkar: während der Öffnungszeiten in der Touristinformation/Städtisches Museum Kalkar und in der Stadtverwaltung
Kevelaer: zwischen Parkplatz und Basilika (Basilikastraße 2, davon eine Behindertentoilette, öffentlich zugänglich), auf der Rückseite des Rathauses (Peter-Plümpe-Platz 12, davon eine Behindertentoilette, zugänglich mit Euroschlüssel), im Bahnhofsgebäude (Am Bahnhof 55, von außen zugänglich, davon

eine Behindertentoilette, zugänglich mit Euroschlüssel), neben der Kapelle auf der Bleichstraße und im Informationsgebäude am Solegarten St. Jakob (Twistedener Straße 140, davon eine Behindertentoilette, öffentlich zugänglich)
Kleve: während der Öffnungszeiten im Rathaus, „Nette Toilette“ in Geschäften
Krefeld: auf dem Marktplatz (Marktstraße/Westwall), im Hauptbahnhof, am Hauptfriedhof Heideckstraße, am Friedhof Bockum sowie in verschiedenen Geschäften und Restaurants
Nettetal: im Rathaus Nettetal-Lobberich, Infozentrum Biologische Station Krickenbecker Seen und am Kletterwald Niederrhein in Hinsbeck (alle während der Öffnungszeiten)
Neuss: „Nette Toilette“ während der Öffnungszeiten im Rathaus (barrierefrei), in städtischen Einrichtungen sowie teilnehmenden Gastronomiebetrieben (teils mit barrierefreien Toiletten)
Rees: Jungblutstraße hinter der Polizei und Trauerhalle am Westring (Gebühr je 1 € bargeldlos) sowie „Reeser Örtchen“ (grüne Sticker an Gastronomie und Geschäften zeigen, wo die Toilette kostenlos benutzt werden darf)
Schermbeck: während der Öffnungszeiten im Rathaus (Weseler Straße 2)
Straelen: Professor-Borchers-Straße; direkt hinter der Sparkasse
Wassenberg: während der Öffnungszeiten im Naturpark-Tor (im Besucherzentrum/Touristinfo)
Weeze: am Rathaus, am Bahnhof und im Tierpark
Xanten: auf dem Marktplatz, im Kurpark (Westwall und Ostwall), am Wander- und Radweg an der Nord- und Südsee

Relax-Liegen

Alpen: Streuobstwiese Ratsbongert
Brüggen: Sonnenliegen auf der Burgwiese und in den Schwalmauen
Emmerich: im Rheinpark und vor der Touristinformation
Hochelten (Lindenallee 31)
Erkelenz: im Stadtpark, Ziegelweiherpark, Grünring/Westpromenade
Grefrath: im Schwingbodenpark am Abenteuerspielplatz
Isselburg: an der Bocholter Aa, im Ortskern an der Issel und am
Grenzübergang Anholt/Megchelen
Kalkar: Marktplatz, Rheinufer/Fähranleger Grieth/Grietherort
Kamp-Lintfort: Aussichtspunkt im Paradiesgarten des Klosters Kamp
Kevelaer: im Solegarten St. Jakob
Korschenbroich-Liedberg: vor dem Schloss
Nettetal: auf den Premiumwanderwegen NetteSeen und Galgenvenn
Rees: mehrere drehbare Relax-Bänke an der Rheinpromenade
Nähe Schiffsanleger und am Piratenspielplatz
Schermbeck: am Rathaus und am Spielplatz (Schienebergstraße)
Weeze: am „Spielplatz am Fährsteg“ direkt an der Niers
Xanten: am Kneippbecken und am Gradierwerk am Kurpark

Picknickplätze

Brüggen: am Weißen Stein (mit Gelegenheit, Pferde anzubinden) und in den Schwalmauen

Emmerich: Picknick-Platz im Grünstreifen der Rheinpromenade mit Tisch und Bank, zahlreiche Strandkörbe an der Rheinpromenade, Garten Schlösschen Borghees, Tisch und Bänke vor der Touristinformation Hochelten (Lindenallee 31), Eingang zum Barfußpfad mit Baumelbänken und Tischtennisplatte, Riethsteege/Ecke Schwarzer Weg (Hetter) in Vrasselt, Holländerdeich kurz vor Querung Wiesenstraße in Praest

Erkelenz: im Stadtpark, Ziegelweiherpark, Grünring/Westpromenade

Grefrath: entlang des Bahnradwegs und der Fietsallee zum Nordkanal

Grieth: am Rheinufer

Hünxe: in Krudenburg (mit E-Bike-Ladestation)

Isselburg: Die Fahrradroute „Von Tisch zu Tisch" verbindet alle Isselburger Picknickplatze (www.komoot.de/tour/358029742).

Kalkar: Griether Straße (Rheindeich zwischen Wunderland und Grieth), Kehrum (Bruchweg/Wöhrmannstraße/Spierheide)

Kevelaer: im Solegarten St. Jakob

Korschenbroich-Liedberg: „An der Tränke"

Krefeld: Stadtgarten, Kaiser-Wilhelm-Park, Klinikpark, Stadtpark Süd, Stadtpark Fischeln, Alexianerpark u. v. m.

Nettetal: auf den Premiumwanderwegen NetteSeen und Galgenvenn

Neuss: im Stadtgarten mit Rosengarten, im Rennbahnpark, am Rheinufer in Uedesheim und Grimlinghausen

Schermbeck: an der Radroute Hohe Mark, Schutzhütte am Dämmerwald

Straelen: Arcener Straße (Auwel-Holt), Steinstraße (Vorst), Hoekerweg (Vossum), Kortweg (Boekholt), Torensweg (Boekholt), Boekholter Weg (Boekholt), Bergstraße, Mühlenberg (Herongen), Am Amandusbach 7 (Herongen)

Wassenberg: Picknickplätze am Naturpark-Tor Wassenberg, verschiedene Schutzhütten mit Picknickplatz im Stadtgebiet

Weeze: an der neuen Nierspromenade, am Spielplatz am Fährsteg und am Naturerlebnispfad

Xanten: am Rundweg um den LVR-Archäologischen Park

Rallyes

Brüggen: Kinderquiz „Burgi will's wissen",
Bigparcours-App (Rallye durch die Burggemeinde)
Emmerich: anzufragen bei der Touristinformation Emmerich
(Rheinpromenade 11, Tel. 02822/931040)
Kerken: digitale Stadtführungen (über Smartphone abrufbar),
unter anderem eine Dorfrallye für Kinder und Jugendliche
(kerken.gim.guide/de)
Kevelaer: digitales Stadtspiel „Der Geist und das Mädchen"
mit Filmsequenzen, spannenden Rätseln und Aufgaben zur
Stadtgeschichte (allein oder in Gruppen spielbar über die App
MUSEUM VIRTUELL oder am PC unter www.kevelaer-entdecken.de)
Kleve: Stadtrallye für Kinder
Neuss: Angebot der Touristinformation: Stadtrallye für Erwachsene
mit Fragen zur Neusser Stadtgeschichte, Stadtrallye für Kinder
(10-14 Jahre) zur Erkundung der Neusser Stadtgeschichte
Rees: kostenlose Rallye für Kinder bei der Touristinformation
erhältlich
Wassenberg: Stadtrallye historische Altstadt Wassenberg,
Waldrallye im Judenbruch Wassenberg
Xanten: Stadtrallye, Rallye im SiegfriedMuseum

Sonstiger kostenloser Spaß

Brüggen: Broschüren „Ortsrundgänge", „Kleine Burgi-Runde"
und andere, Kasematten-Brüggen-App, um eine AR-Ansicht der
Kasematten und der Burg aus früheren Zeiten zu erhalten,
Boule- und Spielplätze im Ort
Emmerich: Wasserspiele für Kinder an der Promenade,
Skaterplatz an der Straße Hinter dem Kapaunenberg in Speelberg,
2 km langer Barfußpfad Elten mit 12 verschiedenen Untergründen,
Sebastian-Kneipp-Platz mit Wassertretbecken, Armbecken
und Kinder-Armbecken, Tischtennisplatte, Fitnessgeräten und
Baumelbänken, Aussichtspunkte ins Rheintal hinter der

St.-Vitus-Kirche in Elten, kostenlose Besichtigung der Mühle Elten (Stokkumer Straße 27, sonntags 13–16 Uhr)
Kalkar: kostenloses Sonntagsprogramm der Burg Boetzelaer, Rallyes für Kinder und Jugendliche erhältlich in der Touristinformation, Eintritt frei im Städtischen Museum und im Stiftsmuseum in Wissel, Bouleplatz am Von-Lauff-Weg
Kerken: Fahrradroute Kerkener KunstStrom (30 km lang, vorbei an 70 bemalten Stromkästen, kann beliebig eingekürzt werden) sowie ein Pumptrack und ein Mehrgenerationenspielplatz in Aldekerk (Güterstraße, direkt hinter dem Bahnhof)
Kevelaer: Beim „Kevelaerer Heißluft-Ballon-Festival" sind viele Aktivitäten für Kinder kostenlos; Skatepark in Form eines „K" am Jugendzentrum Kompass in Kevelaer, Pumptrackbahn für Mountainbikes und BMX-Räder in Winnekendonk (Niersstraße 39, darf auch mit dem Laufrad genutzt werden)
Kleve: Audio-Stadtrundgänge, öffentliche Grillplätze an der Cinque-Allee (Wiese hinter Tiergarten), Hochschule Rhein-Waal und Graf-Otto-Straße, Donsbrüggen (mit Grillhütte) und Düffelward
Korschenbroich: Audioguide für Stadtführung Liedberg und Infos (Audio und Videos) „historische Schätze"
Moers: kostenlose Kinderbetreuung zu festen Zeiten in der mittelalterlichen Lern- und Spielstadt Grafschafter Musenhof (separate Familienöffnungszeiten, Besuch ebenfalls kostenlos, www.musenhof-moers.de)
Nettetal: Malbuch
Rees: kostenlose Veranstaltungen wie Marktkonzerte und das Klassikcafé, kostenlose Broschüren zu Spaziergängen durch die Stadt, Skulpturenrundgängen, Fahrrad- und Wandertouren
Schermbeck: Wimmelbilderbuch des Naturparks Hohe Mark
Weeze: historischer Entdecker-Rundgang in Weeze und Wemb
Willich: kostenlose Sportkurse im Schlosspark Neersen
Xanten: Schließfächer in der Touristinformation gegen Pfand

Geocaching und AdventureLab

Wenn es um kostenloses Freizeitvergnügen geht, ist Geocaching eine Top-Empfehlung für quasi unendlichen Entdeckerspaß! Bei der digitalen Schatzsuche besucht man, ausgerüstet mit einem GPS-Gerät oder nach Installation der passenden App mit dem Handy, bestimmte Koordinaten und begibt sich auf die Suche. Wer nur geradeaus schaut und denkt, kommt meistens nicht weit. Es lohnt sich, ungewohnte Körperpositionen einzunehmen und sich die Dinge einmal von unten, oben oder auch von hinten anzuschauen.

Bei den Caches handelt es sich meistens um Dosen mit Logbüchern zum Eintragen (die unbedingt vor Ort verbleiben müssen!), je nach Größe auch mit Gegenständen zum Mitnehmen und Austauschen, oder – zum Beispiel bei Multicaches – weiteren Koordinaten für die nächste Station. Auch „Trackables" können in Dosen enthalten sein: codierte Gegenstände, die auf Reisen gehen, also mitgenommen und in anderen, möglichst weit entfernt oder interessant gelegenen Geocaches abgelegt werden sollen. Sonderformen wie Earth- oder Rätselcaches (Mystery) machen die Sache erst recht aufregend. Ganz neu ist in diesem Zusammenhang die App AdventureLab, bei der digital (ohne die beim Geocaching übliche Dose) und medienunterstützt an bestimmten Orten Abenteuer erlebt und Informationen vermittelt werden.
(www.geocaching.com)
Hier sind einige Geocaches aufgeführt, die speziell von den Touristinformationen vor Ort unterstützt werden. Es gibt jedoch unendlich viele mehr!
Brüggen: Flyer und Geräte können in der Touristinformation besorgt/ausgeliehen werden
Emmerich: diverse Punkte im Emmericher Stadtgebiet
Kevelaer: zehn eigene Geocaches (www.kevelaer-marketing.de/aktivitaeten/freizeittipps/geo-caching-in-kevelaer – Touren und Einzelcaches, GPS-Gerät kann ausgeliehen werden)
Xanten: in der Touristinformation (und weitere in der Umgebung)